명당은
마음속에 있다2

만화 최창조의 풍수 강의

명당은
마음속에 있다 2

1판 1쇄 찍음 2015년 5월 20일
1판 1쇄 펴냄 2015년 5월 27일

원저 최창조 | 만화 김진태
펴낸이 박상희 | 편집 윤기홍 | 디자인 정다울
펴낸곳 **고릴라박스** | 출판등록 2010.7.16. (제2010-000208호)
주소 (135-887) 서울시 강남구 도산대로1길 62번지 강남출판문화센터 4층
전화 영업(통신판매) 02)515-2000(내선 1) 편집 02)3443-4318,9 팩스 02)515-2007
홈페이지 www.bir.co.kr | 블로그 blog.naver.com/gorilla_box | 트위터 www.twitter.com/gorilla_box

© 최창조, 김진태, 2015, Printed in Seoul, Korea

ISBN 978-89-6548-240-6 04380 | ISBN 978-89-6548-238-3 (세트)

이 도서의 국립중앙도서관 출판시도서목록(CIP은 서지정보유통지원시스템 홈페이지(http://seoji.nl.go.kr)와
국가자료공동목록시스템(http://nl.go.kr/kolisnet)에서 이용하실 수 있습니다.
(CIP제어번호 : CIP2015013416)

최창조의 풍수 강의

명당은
마음속에 있다 2

원저 최창조 · 만화 김진태

풍수의 가치를 인식하는 계기가 되길 바란다

만화에 관한 인식은 풍수와 많이 닮았다. 풍수나 만화나 어른들은 내놓고 말은 하지 않지만, 속내는 그렇지 않다는 점에서 그렇다. '만화' 하면 가장 먼저 떠오르는 인상은 애들 몫이란 것인데, 이것은 이원복 교수의 『먼나라 이웃나라』라는 만화가 결코 애들 대상이 아니라는 예만 보아도 사실이 아니다. 역사학 쪽은 물론이고 과학, 예컨대 천문학, 물리학, 전기(傳記), 지리학 등 만화가 들어가지 않은 분야는 없는 것 같다.

필자의 기억 속에 남아 있는 만화 중 첫 번째이면서 지금도 고향을 떠올리게 하는 작품이 있다. 원로 만화가 김성환 선생의 『꺼꾸리 군 장다리 군』이 그것인데, 방학을 맞아 고향을 찾은 두 꼬맹이들의 에피소드는 향수(鄕愁)에 젖게 만드는 느낌이었고 지금도 그 기억은 지워지지 않고 있다. 그러니까 실용성과 재미에다가 정서적(情緖的)인 감동까지 담아낼 수 있는 매체가 만화라는 뜻이다.

이번에 풍수를 만화로 내면서 필자의 뜻이 제대로 전달될 것인지의 여부는 독자들 몫이지만, 개인적인 희구(希求)가 바로 그렇다. 만화의 특성상 과장되고 흥미를 끄는 억지스러움이 없지는 않을 것이다. 풍수를 단순히 미신(迷信)으로 치부하는 사람들에게는 교양서로서, 풍수가 어려운 술법이라고 여기는 사람들에게는 그것이 상식을 넘어서지 않으며 우리 풍토에 좋은 지혜로서 가치가 있다는 점이 인식되는 계기가 되었으면 한다.

최창조

풍수를 누구나 쉽게 접근할 수 있도록 시도했다

배산임수, 로또 명당, 대박 가게 터, 남향집. 누구나 한 번쯤은 들어 봤음직한 말인 것처럼 쉽게 보고 듣는 게 풍수인데, 구체적인 내용에 접근하거나 이해하려는 생각을 가진 사람들은 많지 않다. 다가가기에는 미신 같은 느낌이 들어 꺼림칙한 면도 있는 게 현실이다. 풍수의 일부 술법적인 면만 보려 해서 벌어진 일이다.

중세 이후 한국의 역사는 풍수적 세계관을 떼어 놓고 생각할 수 없다. 옛날 사람들의 역사, 철학, 과학, 역학, 생활에는 풍수적 사고와 문화가 녹아 있다. 사실 풍수의 역사와 관련된 에피소드를 살펴보는 것만으로도 땅에 대한 옛사람들의 생각과 그들이 추구했던 가치에 대해 재미있는 사실들을 알게 되지만, 풍수의 모든 것을 그대로 오늘날에 적용하기엔 무리가 있다. 그 시대의 생각과 지금의 생각은 문명의 전개만큼이나 크게 변했기 때문이다. 그리고 옛날엔 없던 것이 생기지도 않았는가.

이 책은 풍수에 관한 정보를 만화라는 형식을 통해 가볍고 재미있게 풀어내서 풍수를 잘 모르는 일반인들도 풍수 이론에 쉽게 접근할 수 있도록 시도했다. 전문가의 조언과 학문적으로 연구하는 학자들의 자료를 토대로 현대인의 상식에서 이해할 수 있는 이론을 소개하고 그들의 견해를 담아냈다. 누구나 쉽고 부담 없이 읽을 수 있는 풍수 책이 되길 바란다.

김진태

차
례

마치 병든 이에게
침이나 뜸을 시술하는 것과 같은
이치를 땅에 적용한 것이
자생 풍수의 비보책裨補策이다.

1화 나쁜 땅은 없다!

인사과
박종필 부장

안녕하세요.

험!

....

늘 기분이
안 좋아 보여.

톡

들었어?

뭘요?

저기 사거리에 있는
슈만 브라더즈 알지?

아, 저기는…
굴지의 다국적 기업
아닌가요?

한국 지점은
적자가 심해서
완전 철수한대.

요즘 망한 회사가
한둘인가?

이사님!

우리도 열심히
하지 않으면 저 꼴
날 수도 있어.

그러니까 다들
정신 똑바로 차리고
일이나 해!

예, 이사님…

자네도 다를 바 없어!

험!

......

왜 저러셔?

......

연봉 협상 때문에
그러신가?

난 아무 잘못도
없는데….

연봉 협상이
왜요?

임원진만
동결한다는
얘기가 있어.

그것보다
슈만 브라더즈가
망한 것 때문
아니겠어요?

소문엔
그 회사 주식 좀
가지고
계신다던데.

아, 또
망했구나~.

기업이란 게
흥망성쇠가
있는 거잖아요.

쯧쯧,
저 자리는
안 돼….

네?

자네들은
모르지?

저 자리에 있던
회사들은 다 망했어.

그래요?

슈만 브라더즈
전에는 무슨
투자 회사였지.

아! 사장이
주가 조작하고
횡령해서 망한···!

그 전에는
건설 회사였어.

대규모 미분양으로
회사가 부도났지.

그 전엔 벤처 열풍으로
잘나가던 IT 업체가
갑자기 문 닫았고.

슈만 브라더즈

정말 재수 없는
자린가 보네···.

······.

이 자리가
정말 안 좋은
땅인가?

흐음….

여기서부터
사방이
내리막이군.

언덕
꼭대기니까…

아마 건물이
들어서기 전에는
산봉우리였을 거야.

산봉우리는 아무래도
바람을 막아 주는 것이
없으니 사방에서
불어오는 바람을
다 맞았을 테지.

그럼 이곳은 바람 잘 날 없는 자리였다는 얘긴데….

너무 단순한 해석인가?

득수 씨, 여기서 뭐 해요?

아, 수지 씨.

표정이 심각해 보이는데….

혹시, 또 풍수?

별거 아니에요.

어서 회사로 가죠.

수지 씨,
이 동네에서
오래 살았다고
했죠?

네, 어릴 때부터
계속 살았어요.

이 건물에 있는
회사는
오래됐나요?

그럴 걸요.
바뀐 걸 본 적이
없는 거 같아요.

같은 산봉우리에 있는
건물인데 하나는
바람 잘 날 없고,

다른 건물은
별 탈이 없네….

그 이유는
바로…

건실한
경영!

그건
당연하….

에?
누구시죠?

난 이 건물
주인인데….

자네,
풍수를 좀
볼 줄 아는군.

이분 아버님이
풍수 전문가세요.

자네가
제대로 봤네.

건물을 지을 때
자리가 안 좋다는
말이 있어서
비보책을
썼지.

자리가 안 좋다고
소문나면 임대도
잘 안 되거든.

네….

우리 건물을 둘러보면 전체적으로 거북이가 건물을 받치고 있는 형상이야.

흔들리지 않게 내가 지켜 줄게~.

어, 그럼….

좀 전에 봤던 돌이….

두등

당연히 머리지.

이게 거북이 머리~.

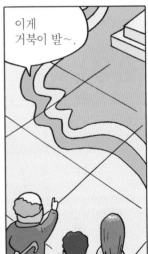

이게 거북이 발~.

별로
안 닮았는데요….

상징물이니까
똑같이 만들 필요는
없어요.

이것 때문인지 몰라도
우리 건물에 입주한
회사들은 별 탈 없이
지내고 있지.

네….

뭔가 좀
미신 같아요.

그렇게 볼 수도
있지만

저 건물주 입장에선
사람들의 심리를
잘 이용한 거죠.

자리가 안 좋다고
소문이 나면

임대 사업을
하는 데 좋을 리
없잖아요.

그건 그래요.

지리학자이자 풍수학자인
최창조 선생은
비보 풍수에 대해
이렇게 설명하고 있다.

중국 풍수와 달리
한국의 전통 풍수는
비보 성격이
강합니다.

땅을 어머니로 보고
병든 곳을 찾아 고친다는
마음을 담고 있어서
자생 풍수自生風水라고도
하지요.

예를 들면, 나쁜 땅이라도
보완해서 쓸모 있는
땅으로 사용하는 것입니다.

홍수를 대비해
나무를 많이
심어 놓읍시다.

땅의 기운이 강하면 눌러 주고 허하면 북돋워 주는 것이 비보 풍수, 비보책입니다.

그리고 나쁜 땅이란 건 없어요. 용도에 따라 맞게 쓰면 다 좋은 땅이죠.

우리나라 풍수는 신라 말 도선_{道詵}으로부터 비롯되었는데

그는 음택, 즉 묏자리를 중시하지 않고

실생활과 밀접하고 땅을 살려 쓰는 치유의 풍수를 주장했어요.

황무지가 숲이 되었어.

인간이 병이 들면 아픈 부위에 뜸을 놓아 다스리듯,

지기나 형세가 좋지 않은 곳은 좋게 만들려고 노력해야 한다네.

도선의 말처럼 지형지세를 육안으로 살펴서 그 땅의 성격, 토지의 하중 능력 등을 파악하고

부족한 점을 보완하거나 나쁜 기운을 억누르는 비보 및 진압鎭壓 풍수가 도선이 주장한 주된 내용입니다.

가장 유명한 비보 풍수의 예는 한양의 도성에 관한 것이다.

조선의 도읍인 한양에는 동서남북과 중앙의 다섯 방향마다 대문을 두었다.

오행五行과 관련된 것이지.

북

서 중앙 동

남

그리고 오행에 해당하는 다섯 가지 의미를 담아 대문의 이름을 지었다.

인仁 의義 예禮 지智 신信

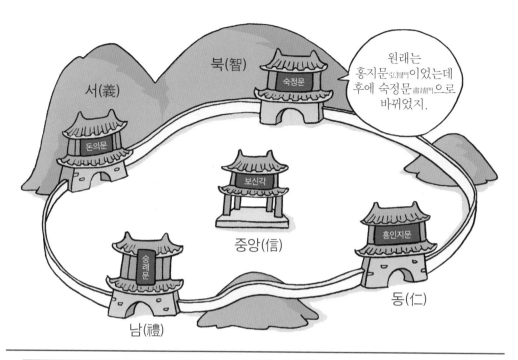

원래는 홍지문 弘智門이었는데 후에 숙정문 肅靖門으로 바뀌었지.

북(智)
숙정문
서(義)
돈의문
보신각
중앙(信)
숙례문
흥인지문
남(禮)
동(仁)

도성을 세우고 나니 관악산이 문제가 됐다.

한양의 조산 朝山에 해당하는 관악산은 불의 기운이 강하다고 한다.

관악산

내 모습이 불과 같아.

퐈이어~!

관악산의 불의 기운은 용산, 남대문을 가로질러 경복궁까지 위협한다.

저 산의 기운 때문에 한양에 화재가 잦을 거야.

관악산이 임금님의 거처인 경복궁과 마주하고 있으니 임금님의 건강까지 해칠 수 있어.

뭔가 대책을 세웁시다.

관악산에서 오는 화기火氣가 남쪽 대문과 궁궐 문을 통과하지 못하도록 현판 글부터 잘 지읍시다.

남대문

이 대문의 이름으로 '숭례'가 어떻겠소?

숭례요?

숭崇은 산山과 종宗을 합친 글자이고

례禮는 오행 가운데 화火이자 남쪽을 의미합니다.

관악산의 화기로부터 종사宗社를 지킨다는 뜻이지요.

좋습니다!

26

게다가 현판을 세로로 세워 화기를 더 잘 막을 수 있게 해 주는 센스!

궁궐의 대문에는 광화光化라고 써 놓읍시다.

'빛으로 바뀐다.'는 뜻으로

화기를 빛으로 바꾸려는 뜻을 담고 있습니다.

오호, 좋소! 그럼 이제 궁궐의 대문은 광화문입니다!

그리고 광화문 양쪽에 세운 해태는 바닷속에 산다는 상상의 동물로, 시비와 선악을 판단한다고 한다.

해태로 불의 기운을 막고

흠뻑 젖게 해 줄게.

궁궐에 드나드는 관료의 마음을 정결하게 한다는 의미를 담고 있다.

뜽끙

자네 뭐 구린 짓 했나?

끙….

비보 진압 풍수는 한양 곳곳에서 볼 수 있다.

지금의 서울역과 숭례문 사이에 방화수防火水를 보관하는 남지南池를 만들었다.

남지

자나 깨나 불조심!

광화문을 지나 궁 안으로 들어가면 금천교가 있고 그 다리 아래를 흐르는 물이 있다.

기는 바람을 타면 흩어지고

물을 만나면 멈추지.

바깥에서 오는 화기를 막고

궁궐 안의 좋은 기운은 밖으로 빠져나가지 못하게 하는 것이야.

28

궁궐의 각 전각 앞에는 물이 담긴 느므(넓적하게 생긴 큰 독)가 있다.

이것은 불을 끄기 위한 것이라기보다는

하하하! 나는 불이다! 궁궐로 가자!

아이고, 무서워라~!

!!

화마火魔가 자기 모습을 보고 놀라 달아나라는 것이다.

가뭄이 심하면 북쪽의 숙정문을 열었다고 한다.

왜 이렇게 비가 안 와!

북, 북, 북대문을 열어라~.

원래 이름은 홍지문~.

끼이익

숙정문(홍지문)은 오행성五行星 수水에 해당하는 것이니, 도성에 물의 기운을 끌어들이기 위함이다.

콸 콸 콸 水

이렇듯 한양의 비보 풍수는 합리적인 것과 상징적인 것들로 이루어져서 도성 백성들에게 심리적 안정을 준 것입니다.

비보 풍수의 흔적은 주변에서도 쉽게 볼 수 있다.

콘크리트 더미에서 사는 우리 현대인들은 너무 불행해.

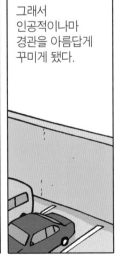

그래서 인공적이나마 경관을 아름답게 꾸미게 됐다.

이 벽을 허물고 차라리 나무를 심는 건 어떨까요?

자연스럽게 생긴 돌도 좀 모아서 예쁘게 꾸며 봐요~.

정말 좋은 생각이에요.

살기 좋고 아름다운 주거 환경상 수상!

이런 일은 아파트 경관을 아름답게 할 뿐만 아니라 동네 고유의 기운을 활기차게 해 준다.

어머, 예쁜 산책로다~.

우리 동네도 점점 살기 좋아지고 있어.

이런 게 바로 비보 풍수입니다.

뭐든 그렇지만
비보 풍수도 지나치면
좋지 않습니다.

아, 거참!
쪼잔하게
왜 이래?

너희 마을에
놓을 돌 거북을
왜 우리 동네 바위로
만드냐고!

우리 동네
남자들은
비실비실해.

저 바위를 깨서
거대한 남근석男根石을
세우면 좋겠는데.

비보 풍수를
맹신하여
신비주의로
흐르게 된다면

풍수지리 본래의 목적인
인간과 자연의 조화를
깨뜨리는 역효과를
낳을 수도 있기
때문입니다.

우리 아버지
대형 조각상~.
우리 가문을
지켜 주실 거야.

흉물
당장 치워!

얼마 후

좋은 아침~.

안녕하세요!

나야 늘 안녕하지.

회사 생활은 어떤가? 힘들지 않고?

많이 배우는 중입니다.

자넨 보아 하니 머리가 좋게 생겼군.

암! 남자는 머리가 있어야 하지!

네?

머리 말이야,
머리!

아…! 그러고 보니
부장님 머리가….

하하하!
이 친구, 이제야
눈치를 챘네.

머리 좋잖아,
머리!

하하하하!

왜 저러셔….

탈모 치료
하셨는지 숱이
많아졌잖아.

탈모요?

그것 때문에
늘 스트레스였나 봐.

꾸준히
치료하시더니
꽤 머리카락이
났는데…

성격이 저렇게
변하네….

하하하~!

34

이사님…!

뭐가 그렇게 좋은가?

낙엽이 굴러가는 모습을 본 소녀 같군.

아, 아무것도 아닙니다.

하하….

이사님은 언제 봐도 무서워요.

외모부터 무섭게 생겼잖아.

어머! 이사님, 식사하셨어요?

장 부장, 요즘 좋아 보이네.

그런가요? 호호호, 다 이사님 덕분이죠~.

외부 미팅이 있어서 먼저 가 볼게요.

스윽

어, 어….

본부장님, 15분 후에 뵙겠습니다.

훅훅훅

홍보부 장 부장님은 최근에 치아 교정 끝나고 교정기를 떼더니

인상도 달라지고 자신감이 넘쳐.

예전엔 뭔가 위축된 모습이었지.

예전의 장 부장 ↓

그렇다! 결함이 있는 곳에 성이나 제방을 쌓고, 지맥地脈을 손상하는 부위에 있는 건축물을 없애는 것이 비보인 것처럼

사람에게 비유하면 자신감을 되찾기 위해 외모를 보완하는 것과 같아.

이를 테면, 성형 수술처럼….

하지만 지나치면 좋을 건 없겠지.

같은 데서 했대.

안녕하세요~.

어허! 누가 누군가?

주춤

거울같이
맑은 물이다~!

풍수를 연구한 학자들에 의하면

우리 땅에 풍수가 자리 잡은 과정에는 두 가지 설이 있다고 한다.

첫 번째는 한반도 자생설이다.

1. 자생설

풍수

살다 보니 집을 짓기 좋은 입지가 있더라고.

아무렇게나 짓지 말고 기준을 세웁시다.

두 번째는 신라 말엽 중국에서 전해졌다는 유입론이다.

2. 유입론

당나라에서 출간된 베스트셀러인데

풍수라는 학문을 이론적으로 집대성한 책이요.

오호!

청오경

신라 말기에 당나라로부터 풍수 사상이 전해졌다고는 하나, 그 이전부터 풍수적 사상이 널리 유행했다고 하는 의견도 있다.

섞어찌개 완성!

자생설

유입설

『삼국유사』에 나오는 기록을 보면 풍수 사상의 흔적이 나타난다.

삼국유사

일연

저 초승달 모양의 집터가 살기 좋아 보이니 저곳에 살아야겠다.

← 신라 제4대 왕 석탈해

한산 부아악 (지금의 북한산)에 올라 지세를 보고 나라를 세울 땅을 정해야겠다.

부아악

백제 시조 온조 →

학자들은 중국 풍수 이론의 유입 시기를 삼국 시대로 추정한다.

백제의 왕릉들이 풍수에서 중시하는 산 능선 위에 있는 게 증거죠.

왜냐하면 신라 초기의 왕릉은 평지에 자리를 잡았는데

그건 풍수가 들어오기 전의 형태라고 볼 수 있죠.

평지 ↙

태종 무열왕 김춘추의 능은 산 능선 자락에 자리를 잡았습니다.

산 →

사찰의 경우도 처음엔 평지에 지어졌다가 통일 신라 시대의 절들은 산에 지어졌다.

부여 능산리 왕릉 벽화에선 사신사의 그림도 발견되었다.

이런 기록과 유적을 통해 중국 풍수의 유입 시기를 추측할 수 있다.

신라 흥덕왕 2년(827)에 태어나 효공왕 2년(898)에 72세로 입적한 도선 국사는

중국에서 수입된 풍수 이론을 한반도의 실정에 맞게 토착화한 대표적인 인물로 꼽힌다.

도선이 살았던 시기는 통일 신라 말기로 정치, 사회적으로 크게 혼란했다.

허구한 날 쿠데타에 곳곳에 반란이 일어나고, 왕도 파리 목숨인 시대야~.

도선은 15세에 화엄사에서 중이 되어 화엄학華嚴學을 공부하다가,

화엄

20세가 되던 해에 선종(禪宗)으로 개종하고
동리산의 혜철 대사 문하에서 수업했다.

선종은 어려운 경전이나 교리가 아닌
참선과 수행을 통한 깨달음을 중요시했다.

누구나 깨달음을 얻으면
부처가 될 수 있다는 사상으로,
당시 교종(敎宗) 중심이던 불교계에
새로운 바람을 일으켰다.

누구나
부처가 될 수
있어요.

도선은 23세 때부터
각지를 돌아다니며 수행했다.

운봉산에서 굴을 파
수도를 하고,

나무...

태백산 움막에서
여름 수행을 했다는 등의
기록이 전해진다.

관세음
보살~

37세에 전남 광양 백계산
옥룡사에 자리를 잡고
후학들을 지도했으며,

옥룡사

언제나 수백 명의 제자들이 몰려들고
명성이 자자해지자

신라 제49대 헌강왕은
도선을 궁궐로 초빙하여
법문을 들었다고 한다.

도선 대사님은 나의 정신적 스승입니다.

도선 사후 효공왕은 '요공 선사'라는 시호를 내렸고

고려의 숙종은 대선사, 왕사王師를 추가하였으며,

인종은 선각 국사로 추봉追封하는 등 도선의 업적을 기리는 일이 이어졌다.

아아, 비행기 좀 그만 태워.

도선!

도선!

도선은 승려이기도 했지만 음양풍수설의 대가로 유명했다.

풍수 하면 도선이지!

도선이 대중에게 유명하게 된 것은 신비한 예언 때문이었다.

875년 헌강왕 1년

지금부터 2년 뒤 반드시 고귀한 사람이 태어날 것이다.

그 예언대로 송악에서 고귀한 인물이 태어났다.

으앙~!

너의 이름은 왕건이다.

상식 이야기 풍수

도선에게는
재미있는 탄생 설화가 있다.

신라 사람 최씨 집 뜰에
오이가 열매를 맺었는데
길이가 한 자 남짓 되었다.

어머, 무슨 오이가
이렇게 커~.

이상하다.
내가 먹어 볼까?

마침 최씨 딸이
그 오이를 따 먹었다.

아삭
아삭

…….

임신했냐?

어떻게 오이를
먹고 임신이 돼!

달이 차 아이를 낳자
그 집 부모는 아이를 미워했다.

으앙~!

애비도 없이 아이를
낳다니, 불길하다!
내다 버려야겠어!

아버지,
안 돼요~!

부모가 아이를
대숲에 버렸다.

며칠 뒤 여인이
아이를 보러 숲에 갔더니

내 아기….
제발 살아 있어야
할 텐데….

비둘기와 독수리가 와서
아이를 덮어 지켜 주고 있는 것이었다.

거참,
괴이한 일이다.

보통 아이가
아닌 것 같으니
기르도록 하자.

이 아이가 자라
승려가 되었다고 한다.

또 다른 탄생
설화도 있다.

도선의 어머니가 꿈속에서
어떤 사람이 준 구슬을 삼킨 뒤

아이를 잉태했다는
이야기가 전해진다.

도선이 누구에게서 풍수를 배웠는지에 대해서는 여러 설이 있다.

도선이 지리산에서 만난 이인異人으로부터 산천순역山川順逆의 흐름을 배웠다는 기록으로 미루어,

중국에서 수입된 풍수가 아닌 자생적 풍수를 배웠다고 보는 견해가 있다.

자생 풍수는 땅에 관한 느낌을 중시하는데

이는 도선이 수행했던 선종의 사상과도 관련이 있다.

중국 유학생 출신이며 당대 선종의 고승인 혜철에게서 수학했던 점을 고려해

그로부터 중국 풍수를 배웠다는 의견도 가능성이 있어 보인다.

오랜 공부 끝에

자생 풍수와 중국 풍수를 함께 익힌 도선에 의해 두 풍수의 근본이 다르지 않다는 점이 확인되고,

또 양자가 결부되어 체계를 갖춘 우리식의 풍수, 즉 고려 풍수와 조선 풍수의 출발이 된 것이 아닌가라고 생각하는 것이죠.

자생 풍수의 가장 큰 특징은

중국 풍수에서 볼 수 없는 비보 관념입니다.

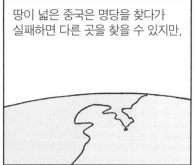

땅이 넓은 중국은 명당을 찾다가 실패하면 다른 곳을 찾을 수 있지만,

여긴 맘에 안 드니 다른 곳에 집을 짓자해.

국토가 상대적으로 좁은 우리는 그럴 여유가 없다.

좁다…

대신 도처에 명당이 있다는 말처럼, 풍토가 좋아서 명당을 찾기에 급급할 필요가 없다.

내가 있는 자리가 명당이야.

그래서 조금 흠이 있는 땅은 비보를 하여 명당으로 만드는 특성을 갖게 된 것이 아닐까.

여긴 나무를 좀 심자.

사람이 병들면 침이나 뜸질로 치료하듯,

산천의 문제점도 절이나 탑을 세워 고치고 보완하면 되는 겁니다.

후대의 기록에 따르면 도선이 창건했다는 사찰은 무려 3800여 개나 된다고 한다.

조금 과장된 수치일 테지만, 이 말은 곧 당시 사람들이 자기가 사는 땅에 비보를 많이 했다고 생각할 수 있다.

우린 이 땅에서 살고 싶어.

내가 살고 있는 이 땅을 아끼고 돌봐서 살기 좋은 곳으로 만들겠어.

땅에 대한 애정과 믿음이 도선의 비보 사상인 것이다.

나쁜 땅은 고쳐서 써야 해.

도선은 그가 살았던 후삼국의 혼란기에 오랜 세월 국토를 답사하며 축적된 각 지역의 지형에 대한 지식과,

민심의 파악을 바탕으로 새로운 세상의 도래를 예견하였다.

이러한 도선의 사상과 풍수 지식들은 후에 태조 왕건의 통일과 통치에 큰 영향을 끼쳤다.

고려

풍수 Q&A ①

우리나라
풍수의 역사는?

집터를 고르고 무덤 쓰는 데 우리도 원칙이 있거든.

아무렴~.
아무렇게나 하지 않는다고.

사람이 살아가면서부터
살기 좋은 땅에 집터를 잡고

죽은 사람을 매장했다고
이런 행위를 풍수라 볼 수 있을까?

전통 풍수에서는 동기감응론을 전제로 하여
풍수 이론을 적용했을 때라야
비로소 풍수라고 했다.

오래된 기록이나 유물에서
풍수적 관념을 찾아볼 수 있지만

학자들은 한반도에
풍수 사상이 유입된 시기를
삼국 시대라고 한다.

한발 더 나아가 통일 신라 말기에 도선에 의해
토착화된 자생 풍수가 등장하며

우리 땅에서 풍수의 역사가
시작되었다고 한다.

신라 말의 풍수는 주로 왕실에 의해 독점되어
사찰과 탑 쌓기에 주력했다.

고려 시대의 풍수는 호국 불교 풍수,
국역國役 풍수, 비보 진압鎭壓 풍수라고
할 수 있다.

사찰의 자리는
군사적 징후와

적군이
이동 중입니다.

자연 재해의 위험을
감시하기 쉬운
자리에 있었다.

물난리가 났으니
승려를 동원해
제방을 쌓읍시다.

50

좋지 않은 터에 사찰을 지어 지기를 보충하려고 하는 비보 진압의 성격이 있어

역시 호국 불교의 성격을 띠었다고 할 수 있다.

서경으로 천도해야 합니다!

이후 개혁과 체제 변혁의 도구로 풍수를 이용했던 묘청과

신돈이 등장하기도 했다.

하하 하 하 하하ー

개경(개성)의 지기가 쇠했으니 서경(평양)으로 도성을 옮겨야 합니다.

이후 조선 왕조가 들어서며 풍수의 성격은 유교식 풍수로 바뀌었다.

….

충과 효를 실천하기 위해 풍수를 활용하는 거야.

그로 인해 묘지 풍수가 성행하게 되어 사회 문제가 되기도 했다.

또 산송이냐~.

소

송

조선 중기 이후에 백성들에게 유포된 『정감록鄭鑑錄』은

기득권층의 학정虐政에 신음하던 민중들에게 새로운 세상에 대한 희망을 갖게 했다.

그 책 봤나?

봤지! 세상이 뒤집어진다는군.

원본도, 저자도 없이 민간에 전해진 이 책은 풍수를 토대로 한 예언서였다.

조선이 멸망한 뒤에 어디에서 누가 세운 나라가 나타날 것이고….

새로 열리는 세상은 탐관오리의 학정으로부터 벗어날 수 있을 거야.

이런 민중의 기대는 홍경래의 혁명 봉기와 전봉준의 동학 농민 운동을 이끌었다.

썩은 세상을 바꿔 버립시다!

우리 선인들은 풍수적인 사고를 통해
환경을 인식했고 장소에 질서를 부여하였다.
그리고 자연과 인간과의 관계를
조화롭게 처리하는 방식으로서
풍수는 오랫동안 우리의
공간상에 투영되어 왔다.

2화 자연의 기氣를 얻어라!

헥! 헥!

오랜만에 등산하니
힘들어 죽겠네.

평소에
운동 좀
하세요.

그러게 왜 등산을 하냐고요~.

어디 펜션 같은 데 잡아서 고기도 구워 먹고 술도 한잔하면 얼마나 좋아.

오르는 건 힘들어도

정상을 밟을 때의 쾌감이 끝내주잖아.

조금만 힘내세요.

이 험한 길이 아직도 1km나 남았어?

정상 1 Km →

타 타 탕

먼저 갑시다.

성큼

성큼

!

….

와…

경치 좋다~!

저 산 좀 봐~!

헉!

아버지!

득수야!

안녕하세요~.

하하!

왠지 이 산에 오르고 싶더니 여기서 너를 만나는구나.

우리 둘의 기가 통했나 보다.

뭐 기가 통해요? 우연이지.

부모 자식 간에 당연히 기는 통하지.

우리 동네 감나무 집 아줌마는 갑자기 불안해지면 꼭 아들이 밖에서 사고를 치곤 했다잖아~.

또 심장이 두근거리네...

두근

두근

오, 그래요?

그, 그게 어떻게 된 거냐면요.

그 아들이라는 사람을 제가 좀 아는데….

늘 사고를 치고 다녀요. 그래서 그 아주머니는 불안하지 않은 날이 없어요.

거봐! 내 말이 맞잖아!

맞지 않는 거죠!

선생님. 아니, 아버님.

그거 혹시 동기감응론 얘기 아닌가요?

오오, 역시 부장님!

잘 알고 계시는군요.

아, 저도 들은 적 있어요.

말 나온 김에 좀 더 알려 드리죠.

최창조 선생이 한국 풍수 이론을 알기 쉽게 체계화해서 분류해 놓았는데,

그걸 토대로 설명해 보겠습니다.

네.

풍수는 크게 양택과 음택으로 구성된다.

둘 다 명당을 찾기 위한 거죠.

명당자리가 크면 양택,

사찰이나 마을처럼 사람이 사는 공간에 대한 것이지.

작은 자리는 음택.

죽은 사람을 위한 자리야.

크기만 차이가 있을 뿐, 같은 논리를 가지고 있어요.

사람이 사는 땅이나 무덤을 쓸 때 사람들은 풍수를 신경 쓰게 되는데,

풍수는 크게 두 가지 체계로 구분됩니다.

땅의 기운이 사람에게 미치는 영향을 밝힌 기감응적 인식 체계,

땅에 대한 경험과 과학이 축적된 논리 체계지요.

풍수 이론

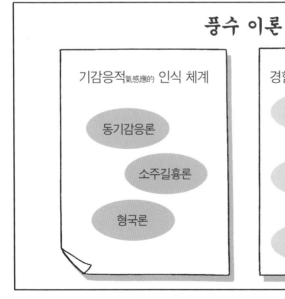

기감응적氣感應的 인식 체계

동기감응론

소주길흉론

형국론

경험과학적經驗科學的 논리 체계

간룡법

장풍법

득수법

정혈법

좌향론

동기감응론 同氣感應論

예로부터 조상들은 천지만물에
가득 찬 기를 받아들여
육체적으로나 정신적으로
보다 나은 생활을 영위하고자 하였다.

왜 제겐 그 기가
느껴지지 않죠?

몸과 마음이
온갖 세상의 고민으로
복잡하기 때문이지.

마음을 비워야
하는데 그게 쉽나~.

그래서 우리
도인들이 수련을
하는 거야.

....

와.

다행히도 수련을 쌓지 않고
자연의 기를 얻을 수 있는
방법이 있는데,
그게 바로 풍수 술법術法이다.

좋은 땅에 집을 짓고 살면
좋은 기운이
그 사람의 것이 된다.

돌아가신 분을 모시는
과정에서도 조상의 기를
받고 싶어 하기 때문에
많은 문제가 발생했다.

이 자리가
명당인데
임자가 있네.

좋은 땅에 모셔야
우리 후손들에게도
좋은 기운이
미칠 거야.

내 기를 너희에게
나눠 주마!

어떻게요?

에네르기파!

당 현종 때

궁궐에 매달려 있는 구리종이
바람도 없는데 울렸다.

징…

구리종이 왜 스스로
울리는 것인가?

그, 글쎄요~.
바람 한 점 없는데
신기한 일입니다.

신기한 서책
서프라이즈에나
나올 법한 미스터리라면
동방삭에게
물어봐야겠군.

우주 만물의 이치를
깨닫기 위해 도를
닦고 있다는
그분이요?

응.

왕은 동방삭을 불러
그 연유를 물었다.

폐하~, 그 구리종을
만든 구리는 모두
어디서 구한 것입니까?

구리산에 있는
광산에서 캐 온
구리로 만든
것이네.

그렇다면…

털썩

저것은 말로만 듣던 천리통?

천 리를 볼 수 있어 천리통!

신기해서 신통방통!

라임이 착착 맞는구나~.

컴온~.

입 좀 다물어! 동방삭이 집중을 못 하잖아!

악! 고통~!

구리산

역시… 구리산에 지진이 났었던 모양입니다.

뭣이라? 그게 정말이오?

나중에 확인해 보니 실제로 구리산에 지진이 났었다.

어허, 그렇다면 멀리 떨어져 있는 구리종은 왜 울린 거요?

구리종이 우는 것은 구리산이 무너졌기 때문인데….

본래 땅의 기운이란 사람으로 비유하면 어머니와 아들 같은 인연이옵니다.

이를 테면 어머니라 할 수 있는 구리산이 무너져서 아들격인 구리종이 울게 된 것입니다.

엄마~!

그렇다면 그것은…

동기감응입니다.

산이란 것도 우리 인간과 같습니다.

풍수에서 용이라 불리는 혈맥六脈이 큰 산에서 멀리 뻗어나갑니다.

태조산

중조산

소조산

주산

이것은 인간의 뿌리와 다를 바 없습니다.

고조할아버지

증조할아버지

할아버지

아버지

나

아하!

다 이어져 있구나.

조상과 후손이 기로 연결되어 있다는 생각은 음택 풍수에 집착하게 만들었다.

동기감응….

조상이 좋아야
후손도 좋다!

돌아가신
조상이
좋으려면….

좋은 땅에
모셔야지.

그럼 좋은 기가
후손에게
전해질 거야.

명당

하지만 이런 생각 때문에 묏자리를
둘러싼 수많은 분쟁이 계속됐다.

사또~,
억울하옵니다!

동헌

우리 조상님
묏자리야!

거긴 원래
우리 산이야!

으음, 묏자리 소송이
끊이지 않는구나….

소송

소주길흉론 所主吉凶論

윤리성을 강조한 풍수 이론이죠.

아무리 좋은 땅을 구했어도 살아생전에 악행을 많이 했다면 소용없는 땅이 되어 버린다거나,

살아계신 부모 보기를 빚쟁이 대하듯 하던 사람이 돌아가신 뒤 부모를 천하의 명당에 모신다 한들 헛일이라는 것이다.

…

보기 싫다!

또 땅을 쓸 사람의 사주팔자四柱八字가 그 땅의 오행과 잘 맞는지도 따져야 합니다.

사주팔자, 길흉화복 같은 건 명리학命理學이죠?

소주길흉론은 사주명리학과 풍수지리가 만났다고 생각하면 이해하기 쉽죠.

여기서 잠깐! 명리학이란?

사람이 태어난 연年, 월月, 일日, 시時의 네 간지干支, 곧 사주에 근거하여 사람의 길흉화복을 알아보는 학문으로, 사주학四柱學이라고도 한다.

사람이 태어난 때를 이렇게 연, 월, 일, 시라는 네 가지 큰 기둥으로 보는 거야.

기둥 주柱자를 써서 사주라고 하지.

하나의 기둥은 10간干과 12지支로 나뉘는데

10干

12支

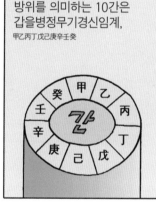

방위를 의미하는 10간은 갑을병정무기경신임계,
甲乙丙丁戊己庚辛壬癸

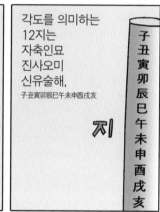

각도를 의미하는 12지는 자축인묘 진사오미 신유술해,
子丑寅卯辰巳午未申酉戌亥

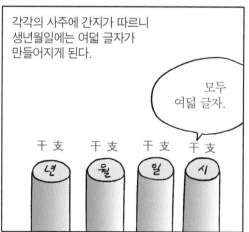

각각의 사주에 간지가 따르니 생년월일에는 여덟 글자가 만들어지게 된다.

모두 여덟 글자.

干支 干支 干支 干支
년 월 일 시

그래서 팔자八字라는 말이 나왔다.

아이고, 내 팔자가 사나워 이 꼴로 사는구나~.

2화 | 자연의 기를 얻어라!

이 여덟 글자에 나타난 음양과 오행의 배합을 보고 그 사람의 부귀와 빈천貧賤, 부모, 형제, 질병, 직업, 결혼, 성공, 길흉 등의 제반 사항을 판단하는 것이다.

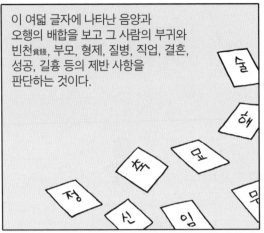

옛사람들은 세계와 자연이 음양과 나무, 불, 흙, 쇠, 물의 다섯 가지 요소로 변천한다는 음양오행설陰陽五行說로 설명하려 했다.

태초에 혼돈이 있었다.

오랜 세월이 흐른 후 밝고 무거우며 동적인 것은 위로 올라가 양陽이 되었고, 어둡고 가벼우며 정적인 것은 아래로 내려가 음陰이 되었다.

위 아래, 위위 아래~♬

음양의 작용으로 천지가 형성된 후

인간이 나타나 천지인天地人 삼재三才를 이루었고,

음양은 다시 목화토금수木火土金水의 오행으로 갈라졌다.

다섯 가지 방향이야. 각각의 색깔도 있지.

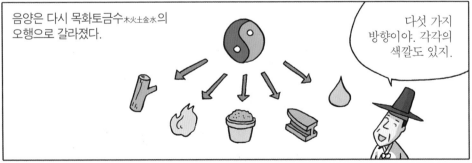

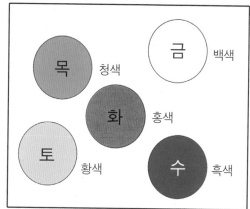

목	청색
금	백색
화	홍색
토	황색
수	흑색

사신사에서 말하는 방위랑 같은 거네요. 좌청룡 우백호, 북현무 남주작….

전부 오행에서 나온 거니까.

오행은 우리 삶과도 밀접해요.

오행	목, 화, 토, 금, 수
오기	풍, 열, 습, 조, 한
오색	청, 적, 황, 백, 흑
오음	각, 치, 궁, 상, 우
오방	동, 남, 중앙, 서, 북
오미	신맛, 쓴맛, 단맛, 매운맛, 짠맛

전부 오행으로 설명되네요.

헉헉….

무, 무슨 분위기야?

아버지를 여기서 우연히 만났어요.

그런데 바람에 목의 기운이 있네요.

오행	목, 화, 토, 금, 수
오기	풍, 열, 습, 조, 한
오색	청, 적, 황, 백, 흑
오음	각, 치, 궁, 상, 우
오방	동, 남, 중앙, 서, 북
오미	신맛, 쓴맛, 단맛, 매운맛, 짠맛

색도 이상해. 쇠가 왜 흰색이지?

오행은 서양의 4대 원소 같은 단순한 물질이 아니라, 우주가 운행하도록 하는 궁극적인 무형의 기운이라 생각하면 돼요.

아하! 상징적인 거구나.

이 오행은 각각의 기운과 만나며 서로를 돕기도 하고 해치기도 하는데,

生

剋

상생相生과 상극相剋이라고 하지요.

74

자연 현상으로 비유하면
쉽게 이해할 수 있는데

먼저 상생을
알아보죠.

나무로써 불을 피우니
목생화木生火이다.

물체가 불에 타고 나면
재가 남으니 화생토火生土이다.

흙에서 쇠를 캐내니
토생금土生金이다.

금속을 녹이면 액체가 되니
금생수金生水이다.

물로써 나무를 키우니
수생목水生木이다.

상극이란 누르다,
이기다라는 의미로,
상극을 자연 현상으로
설명하면

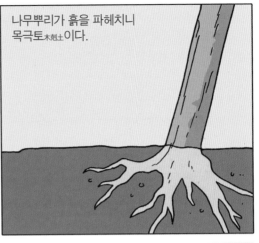

나무뿌리가 흙을 파헤치니
목극토木剋土이다.

흙으로 둑을 쌓아 물을 막으니
토극수土剋水이다.

물로 불을 끄니
수극화水剋火이다.

불이 금을 녹이니
화극금火剋金이다.

쇠로 만든 도끼가 나무를 베니
금극목金剋木이다.

이 음양오행은 시간이 지나며 체계를 갖춰 동양 사상의 근간이 되었다.

철학, 의학, 역학, 풍수 어느 것 하나 음양오행을 바탕으로 하지 않은 것이 없지.

우리나라 사람 이름도 항렬이라는 게 있는데, 그것 역시 오행을 기반으로 돌아가고 있어.

대부분의 한국 성씨들은 상생의 순서에 맞춰 돌아간다.

목화토금수의 한자 변(邊)이 들어간 이름으로 반복되지.

木火土金水

김해 김씨 경파의 항렬을 보면

손주 이름을 지어 볼까.

鉉/현 濟/제 植/식 顯/현 培/배 錫/석 洙/수 榮/영 謙/겸
　　　鐘/종 泰/태　　　變/섭

아하! 목화토금수의 변이 계속 반복되는구나.

아버지가 水변의 泰니까 넌 木변의 榮으로 해야 한다.

아무튼 동양 철학의 근본은 세세한 곳까지 이런 음양과 오행으로 이루어져 있고

이것이 간지와 결합하면서 길흉화복을 점치는 명리학으로 발달했다고 한다.

300년 12대에 걸쳐 만석꾼 부자인 경주 최부잣집이

소주길흉론의 본보기가 된다고 합니다.

삶의 기본이 노블레스 오블리주야.

펄럭

-가훈-

가 훈

과거를 보되 진사 이상은 하지 마라.
당쟁에 얽히게 된다.
욕심 부리지 말고 재산은 만 석 이상
지니지 마라.
손님을 후하게 대접하고 인정을 베풀어라.
흉년에는 땅을 사지 마라.
없는 사람들이 괴롭다.
며느리는 시집와서 3년 동안
검소하게 무명옷을 입어라.
사방 100리 안에 굶어 죽는
사람이 없게 하라.

풍수만으로도 복잡한데

사주에 음양오행에….

거기다 택일도 들어가. 그래야 천지인 합일이 되지.

헉!

형국론形局論

형국론이란
산의 모양을
사람이나 동물, 또는
사물에 빗대어
길흉을 판단하고

이를 응용해
명당을 찾는
술법입니다.

오! 이 산은
호랑이가
사냥하는
모습 같아!

앞에
작은 산은
먹잇감 같고….

사냥할 때는
호랑이가 엎드리니까
복호형伏虎形이라고
해야겠군.

이런 식으로
형상에 비유하여
이름을 지었다.

이건 마치 닭이 알을
품은 모습 같아!

금계포란형金鷄抱卵形
이라고 이름 짓자!

마을이 번창할
기운일세~.

이런 식으로 지어진 이름이 선인독서형仙人讀書形, 장군대좌형將軍對坐形, 와우형臥牛形, 봉황형鳳凰形, 행주형行舟形, 옥녀단장형玉女端粧形 등 200~300개나 된다.

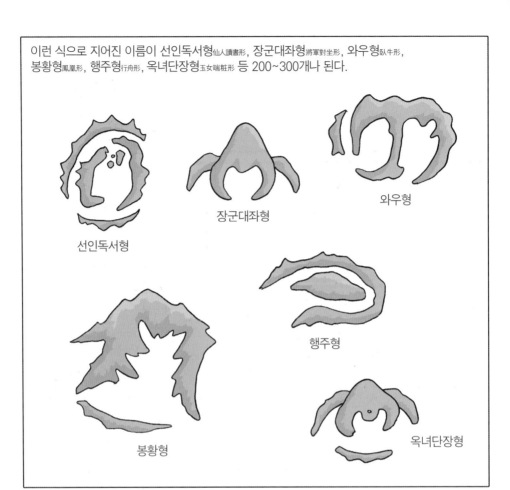

선인독서형

장군대좌형

와우형

봉황형

행주형

옥녀단장형

아, 사람의 눈은 추상적인 그림을 볼 때 익숙한 이미지로 받아들이려 한다는 기사를 본 적 있는데 그것과 비슷하네요.

기억난다. 그중에서도 사람의 얼굴로 인식하려 한대요.

네!

이건 화성인면형
火星人面形이라고
할 수 있겠네요.

자네,
풍수 이론에서 너무
초자연적인 얘기는
꺼내지 말게.

안 그래도 기감응적
인식 체계는 현대인이
받아들이기 쉽지 않은
것들이 있다고.

아하하,
그런가요….

그런데 형국론은
애매모호한 점이
있어요.

저게 왜
복호형이야?
와우형이지.

금계포란형이라고
할까,
봉황포란형이라고
할까?

보는 사람에 따라
의견이 갈라질 수 있어서
길흉화복에 대한 판단도
달라질 수 있기
때문이잖아요.

그런 한계도 분명 있다.

형국론은 어려운 면이 있어.

그렇지만…

마을의 특징을 설명하기에 적절해 보이기도 해요.

우리 마을은 말의 형상을 닮았으니 마산리야.

마산리

우리 동네 지형은 머구리(개구리의 옛말) 같아서 먹우리야.

매화가 떨어져 있는 형상이라 매골마을!

산이 구름처럼 둘러져 있으니 운천동!

재미있기도 하고 자기가 살아가는 터전에 대한 애정도 느껴지네요.

그래서 개발은 신중하게 해야 해요.

왜냐하면 산을 허물면 형국을 유지할 수 없기 때문이죠.

골프장을 지으려고 우리 마을의 심벌인 용머리를 깎는다고?

말도 안 되는 소리!

반대

결사반대

이제 용꼬리라고 할까요? 발음이 프랑스어 같고 좋은데요~.

개성에 있는 옛 고려 궁성을 오르다 계단의 경사가 급해 오르기 벅찼던 적이 있었습니다.

최대한 산을 보존하고 자연의 멋을 살리기 위해 그렇게 지은 것입니다.

서울의 궁성도 같습니다. 서쪽으로 치우쳐 있죠.

자연과의 조화를 중시했던 인간적인 지리관이라 할 수 있습니다.

잠시 쉬었으니 경험과학적 풍수 이론은 정상에서 할까요?

아버님께서 체력이 좋으시네요.

산을 자주 가니까 반은 등산가예요.

2화 | 자연의 기를 얻어라!

동양 철학의 문을
열기 위해선

음양오행설이라는
마스터키가 필요하다.

삶의 궁극적 의미를
탐구하는 철학,

질병을 치료하는 의학,

닥터!

그리고 운명을
내다보는 역학 등,

노비의
사주야.

동양의 학문은 어느 것 하나
음양오행설을 바탕으로 하지 않은 것이
없다고 해도 과언이 아니다.

해와 달,

땅과 바다,

남과 여,

물과 불, 홀수와 짝수,
앞과 뒤….

이런 것처럼 음과 양은
우주 만물을 지배하는 기운이라
생각했다.

그것이
이원론二元論이고
음양 이론이지.

우리도 음양을
좀 맞춰 봅시다.

아잉~.

음양론이 만물의 기본이
되는 이론이라면

만물을 이루는 기의
다섯 가지 기능이
오행이다.

지구를 도는 다섯 개의
행성의 이름을 따서
목화토금수木火土金水라고
한다.

陰陽

五行

중국 고대인들로부터 시작된
음양오행은 점차 체계를 갖춰
동양 사상의 근간을 이루는 학문이 되었고,
우리의 삶 깊숙이 녹아들었다.

음양오행에
해당하지
않는 것이 없어.

이 가운데 자연과 더불어 평화롭고
행복하게 살려는 인간의 희망과 노력이
이루어 낸 학문이 바로 풍수다.

인간의 안락하고 편리한 생활을 위한
지혜의 발현이자, 오행을 실현하려는
학문이라고 할 수 있다.

따라서 풍수를 전문적으로
공부하는 사람들에게
오행이란 뗄 수 없는 것이다.

스승님,
오행이
구체적으로
뭡니까?

오행이란 우주 만물을
이루는 다섯 가지
성질이다.

제5원소구나!

흙, 물, 불,
바람과…

밀라 요보비치!

그건
서양 영화고!

인간은 땅에서
살아가며

물과 불을 필요로 하고,

불을 일으키는
재료인 나무와

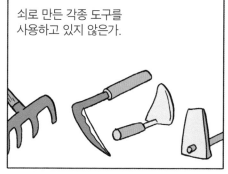

쇠로 만든 각종 도구를
사용하고 있지 않은가.

이 다섯 가지 성질을
오행이라고
하는 것이란다.

예, 스승님.

상식 이야기 풍수

그런데 우리의 삶과 밀접한 오행은 서로 돕기도 하고

서로를 해치기도 한다.

오행의 상극, 상생의 원리를 그림으로 그리면 이런 모습이 된다.

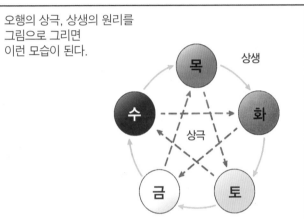

여기서 한 가지 주의할 것이 있다. 오행은 결코 다섯 가지의 단순한 물질이 아니라는 사실이다.

실제 물질이 아니라 각각의 기운을 상징하는 거야.

오행의 상징

오행 五行	목 木	화 火	토 土	금 金	수 水
오계 五季	봄	여름	사계	가을	겨울
오방 五方	동	남	중앙	서	북
오색 五色	청	적	황	백	흑
오미 五味	신맛	쓴맛	단맛	매운맛	짠맛
오장 五臟	간, 담	심, 소장	비, 위	폐, 대장	신, 방광
오수 五數	3, 8	2, 7	5, 0	4, 9	1, 6
오상 五常	인	예	신	의	지
오체 五體	근 筋	혈 血	육 肉	피 皮	골 骨
오음 五音	각 角	치 徵	궁 宮	상 商	우 羽

모든 것을 다섯 가지 성질로 나눌 수 있지.

저걸 다 외워야 해요?

오행을 이용해 풍수에 적용시킨 예로 유명한 것은 역시 한양이다.

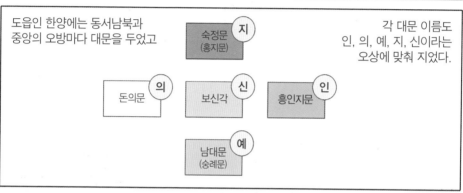

도읍인 한양에는 동서남북과 중앙의 오방마다 대문을 두었고

각 대문 이름도 인, 의, 예, 지, 신이라는 오상에 맞춰 지었다.

숙정문 (홍지문) **지**

돈의문 **의**

보신각 **신**

흥인지문 **인**

남대문 (숭례문) **예**

산의 모습을 오행으로 구분하기도 했다.

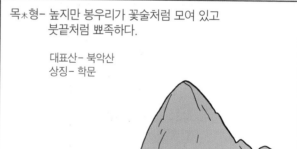

목木형- 높지만 봉우리가 꽃술처럼 모여 있고 붓끝처럼 뾰족하다.

대표산- 북악산
상징- 학문

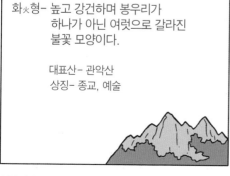

화火형- 높고 강건하며 봉우리가 하나가 아닌 여럿으로 갈라진 불꽃 모양이다.

대표산- 관악산
상징- 종교, 예술

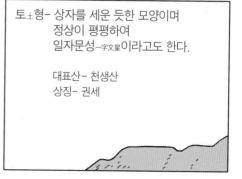

토土형- 상자를 세운 듯한 모양이며 정상이 평평하여 일자문성一字文星이라고도 한다.

대표산- 천생산
상징- 권세

상식 이야기 풍수

금金형 - 노적露積 가리를 쌓아 놓은 형태와
유사하여 노적봉露積峰이라 하며,
금형 산 중에서도 둥글면서
힘차 보이는 산은 투구봉이라 한다.

대표산 - 인왕산
상징 - 재물

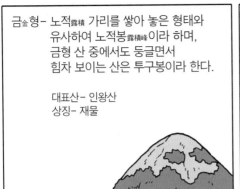

수水형 - 봉우리 여러 개가 부드럽게
연결되어 물결이 굽이치는 듯한
형태. 전체가 풍만하고 정상에
못 미쳐 급격히 좁아진다.

대표산 - 남산
상징 - 인화

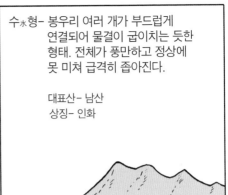

하지만 여러 기운이
혼합된 산도 많다.

너 뭐니?

목

화

산의 기운이 목과 화가 혼합되었다면
학문과 예술을 동시에
갖고 있는 것으로
해석한다.

난 수재
연예인~.

오행에 따라 분류한
산의 모양은 아파트나
건물의 모양에도
응용할 수 있다고
합니다.

목형 건물 - 운세가 상승하는 기운이
있는 집. 관직에 적합하다.

화형 건물 - 주거용엔 적합하지 않고
사업 목적에 맞다.

토형 건물 - 신뢰를 쌓고
장사를 하기에 적합하다.

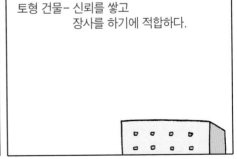

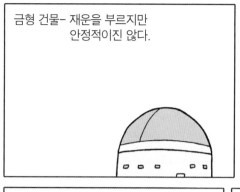

금형 건물- 재운을 부르지만 안정적이진 않다.

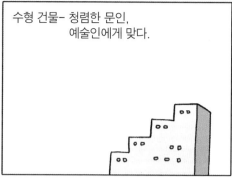

수형 건물- 청렴한 문인, 예술인에게 맞다.

풍수지리에 음양오행 원리를 적용한 것은 땅을 사람의 몸과 같이 생각한 조상들의 사상이 반영된 것이다.

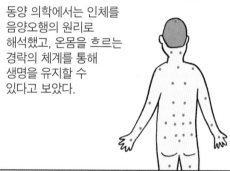

동양 의학에서는 인체를 음양오행의 원리로 해석했고, 온몸을 흐르는 경락의 체계를 통해 생명을 유지할 수 있다고 보았다.

그래서 풍수사들은 의사가 사람 몸의 맥을 살피는 것처럼 땅의 맥을 살폈다.

한의학과 풍수는 기본적으로 같은 틀이라는 것이다.

음양의 조화가 이루어져야

좋은 땅이지.

건강한 몸이야.

우리 조상들은 땅이 가진 생기를 찾고 생기를 설명하는 것이 풍수에서 가장 중요한 것이라고 생각했습니다.

조선 시대에는 지맥을 보호하기 위해 금산(禁山) 제도를 시행했다.

입산 금지

지기가 흐르는 기맥을 보호해야 하니까

이 산의 나무는 베지 말고 흙도 파지 말 것이며 집을 짓고 살면 안 돼!

아쉽….

요즘의 그린벨트 같은 것이다.

개발도 좋지만 적당히 하라고!

좋은 자연환경을 놔둬야 숨을 쉬고 살 것 아니에요!

보존!

….

땅을 내 몸과 같이 생각해서 생기 넘치는 삶의 터전을 유지하려는 노력은

앞으로도 풍수가 지향해야 할 방향입니다.

깨끗한 자연환경과 그것을 잘 가꿔 가는 인간의 노력이 있다면, 인간과 자연이 다 함께 잘 살 수 있는 명당이 될 수 있을 것입니다.

기氣란 무엇일까?

기는 도대체 무엇이고 과학적으로 설명될 수 있는 것일까?

서양 사람들은 동양 철학에 대해 연구하고 번역서를 출간하기도 했지만

그들의 용어로는 설명할 수 없는 것들이 너무 많았다.

기: Qi, ch'i

오행: Wushing

번역하니까 더 이상해….

Energy
Force
Five elements

무대를 땅이라고 생각해 보세요.

이 무대에 이게 어울릴까요?

마당놀이

연기자들은 완벽히 준비가 되어 있어도 막상 무대에 서기 전엔 어떤 느낌일지 잘 모른다고 한다.

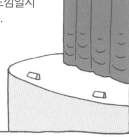

잘 되는 무대가 있고
아닌 무대가 있어요.

그게 뭔지는 알아도
설명하긴 어렵네요….

분위기인가?
기분인가…?

아니면
어떤 기운인가….

하버드대와 프린스턴대 출신인
한 서울대 교수는 동양에서 기는
'물질과 비물질의 구별 없이
세상의 모든 현상을 일으키는
기초'라고 정의했다.

휴….

?
?
?

그것의
영향
때문이죠.

『현대 물리학과 동양 사상』이란
베스트셀러를 발표한
세계적 물리학자
프리초프 카프라는

기에 대한 명확한 정의를 내리기보다는
동양의 신비주의적 태도를 어느 정도
채택할 필요가 있기 때문에,
자신은 기 자체를 해석할
의도가 없다고 했다.

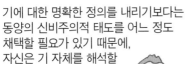

기를 느끼는 수련자들도 많다.

….

왜 풍수는 쉬워야 하는가.
그것은 풍수가 형이상학이 아니라,
인간이 땅에 대하여 어떻게 행동하는 것이
도道에 합치되는 것인가를 알려 주는
우리 민족의 지혜이기 때문이다.

3화 용龍을 잡아라!

거의 다
왔습니다.

힘들
냅시다!

와~!

정상이다~!

높은 곳은 공기부터 다르네~.

정상에서 내려다보니 세상이 달라 보이네요.

하하하, 그렇죠? 오를 때마다 다르게 보이는 게 산입니다.

10년 전에 회사 MT로 왔었는데….

감개가 무량하군.

자넨 그때 입사 전이었지?

엥? 양 대리~.

양 대리님이
안 보여요.

양 대리!

아까 새로운 루트를
개척하겠다고
하더니….

다른 길로
오나 봐요.

아!
저 밑에….

거긴 경사가
엄청 가파른데
왜 그쪽으로
오는 거야?

아유, 지금
중단할 수도
없어요.
기다려 봐요.

나 참,
저 친구
하여간….

선생님,
정상에 왔으니
경험과학적
풍수 이론도
말씀해 주세요.

그럼 잠시 쉴 겸 풍수 이론에 대해 알려 드리죠.

풍수 이론은 크게 두 분류가 있다고 했죠?

이번엔 두 번째 큰 가지인 경험과학적 논리 체계입니다.

경험과학적 논리 체계

기감응적 인식 체계

앞서 말한 기감응적 인식 체계는 설명하기에 어려운 부분도 있고 현대인들이 납득하기 힘든 점도 많은데,

경험과학적 이론은 오랫동안 살아오면서 경험을 통해

설명 가능한 기술적인 부분들이 쌓여 만들어진 이론입니다.

풍수는 땅의 살아 있는 기운을 받고 그 땅에서 잘 살고자 하는 지리학이라 할 수 있는데요.

살아 있는 땅의 기운, 즉 생기生氣가 흐르는 통로를 산으로 봐요.

산은 상징적으로 용이라고 부르는데 산맥을 타고 흐르는 지기地氣를 용에 비유한 것이다.

그런데 풍수에서 말하는 산의 개념은 서양 사람들의 그것보다 더 많은 의미를 담고 있다.

논두렁, 받두렁에도 지기가 흘러.

한 자만 높아도 산이리 생각할 수 있거든.

작은 묏자리를 쓸 때 적당한 위치에 산이 없다면….

작은 산을 만들어 두는 것과 같은 이치야.

여기에 돌무더기를 두면 좌청룡을 대신할 수 있지.

비보 풍수 같네요.

간룡법 看龍法

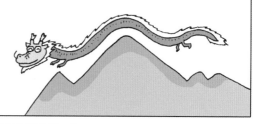

간룡법이란 명당을 이루는 터의 주산主山이
그 정기의 원천인 곤륜산, 백두산으로부터
잘 이어져 있는지, 병들었거나 죽은 용은 아닌지,
또 복스럽고 순하며 생기를 가득 품은 산인지 등을
파악하는 술법이다.

건강해.

세계 각지의 큰 산마다 신화나
설화가 있는 것은 공통적 현상이다.

이집트의 시나이산,
인도의 수미산,

중국 곤륜산,
그리스 올림포스산,
일본 후지산 등….

!

높은
산이다!

저 산은 하늘과
이어져 있을 거야.

높은 분이
인간 세상을
우러러보고
계실 거야.

하늘과 땅이
만나는 곳이야.

우리는 백두산을 땅의 기운이
시작되는 곳으로 삼았다.

불쑥

불쑥

불쑥

하하하, 아들들아!
내 기를 받아라!

104

저렇게 쭉 뻗어나가며
이어진 산들은 마치…

혈관
같아요.

사람이 살 곳을
고르는 데 있어
산의 형세가 매우
중요하지. 이걸
간룡법이라고 한다.

이중환

산줄기가 밝은 빛을 띠는가,

뻗어 내려오는 모양이
생동감 있고 힘찬가를
살피는 일을

풍수에서는
간룡이라고 한다.

그래서 어떤 터를
잡을 때 제일 먼저
살피는 것이
그 터를 만든
산줄기의 흐름을
파악하는 것이죠.

아하, 그게
간룡법이군요.

장풍법葬風法

그런데 기는
바람을 타면 흩어지고

물을 만나면 멈춘다.

끼이익~

따라서 흩어지는 기를
잘 감쌀 수 있는 산의 형세를
찾는 것이 중요하다.

이게 장풍법의
기본입니다.

그렇군요.

사신사라고
들어보셨나요?

아, 전에
말씀하셨던

백호, 청룡,
주작, 현무!

명당 주위에
자리 잡은 산이죠?

네, 그렇죠.

그런데 왜 사신사(四神砂)라고 하죠?

모래 사(砂)자를 쓰네요.

아, 나도 그게 궁금했어.

옛말에서 유래된 겁니다.

옛날에 어떤 스승이 제자를 가르칠 때

제자야, 학당 주변이 허하니 모래로 산 네 개를 만들어라.

산을 만들라고요? 그게 무슨….

아냐, 산의 형상으로 만들라고.

진짜 산을 어떻게 만들겠냐.

현무

청룡

백호

주작

이렇게 하면 산을 대신할 수 있느니라.

방위에 따라 현무, 백호, 청룡, 주작에 해당된다고 볼 수 있다.

아, 그렇군요.

그럼 모래로 만들었으니

이 네 개를 앞으로 사신사라고 부르면 좋겠네요.

하나를 알려 주면

기대….

하나를 아는구나.

이렇게 사신사가 명당을 잘 둘러싸고 있으면 바람으로부터 명당을 보호하는 역할을 합니다.

산맥을 타고 온 생기도 보존할 수 있고요.

그런데 여기에는 문제가 있습니다.

문제요?

사신사가 외풍을 너무 잘 막아 주기 때문에

바람이 전혀 들지 않으면 곤란한 거죠.

지금 설명하는 장풍법은

바람을 막고자 하는 것이 아니라

藏風

바람을 끌어들여 간수하자는 의미예요.

바람을 어떻게 간수해요?

이미 장풍을 하고 있어요.

네? 어떻게요?

우리가 입는 의복은
바람을 막아 주기도
하지만 통풍도
잘 돼요.

마치 양복을 입으면
겹쳐진 옷 사이로
공기가 드나드는 것과
같은 이치죠.

장풍이란 말은
바람을 저장한다는
뜻이에요.

아, 그런 게
장풍이군요.

산에 둘러싸여
큰 비람에 의해
보호되기도 하면서
좋은 기운의 활동은
넘치게 하는
것이네요.

눈에 보이지 않는
생기뿐만 아니라
실제로 사신사에 의해
잘 둘러싸인 땅은 장점이 많다.

뭔가
아늑한
기분이
들어.

북서풍을
막아 주니
추운 겨울을
잘 견딜 수 있지.

방어하기에도
최적의 장소야.

득수법 得水法

선생님, 근데 지기가
물을 만나면 가던 길을
멈춘다고 하잖아요.

STOP

그렇죠.

왜 물이
있으면
멈추는 거죠?

산에서 내려온
좋은 기운을
용에 비유하잖아요.

용맥!

물이 흐르는 곳엔
용궁이 있기에
물을 만난 용은
멈추게 되는 거죠.

나 여기서
쉴래.

그래서 용이
멈추는 곳에
혈이 있다고
보는 거예요.

흐르던 기가
그곳에 모이기
때문이죠.

혈

이것을 또 음양설로 보면

산은 멈춰 있기 때문에 음이고

음….

물은 계속해서 움직이니까 양으로 본다.

양~.

이 음과 양이 만나서 융합하면 사람에게 좋은 기운을 주는 새로운 기가 되는 거예요.

아들들아! 내 기를 받아라!

자연 조건에 따라 산을 중시하는 풍수가 있고 물을 중하게 여기는 풍수가 있는데,

강수량이 적어 늘 물 부족에 시달리던 중국에서는 득수법을 더 중요하게 생각하는 경향이 있다.

물….

일단 물길부터 찾아보자해!

물 없으면 죽는다해!

『삼국지연의』에서도 마속이 물 없는 곳에 진을 치다 읍참마속을 당했다해!

우리나라는 물 없는 산이란 없기 때문에 중국처럼 득수에만 빠져 있지 않죠.

그렇다고는 해도 물의 용도는 다양하고 중요하기 때문에

입지를 선정할 때 우선적으로 고려되는 요소입니다.

살 곳을 정할 때 물이 중요한 건

전에도 말씀해 주셨죠.

전 아무래도 부동산 쪽에 관심이 많다 보니….

물길이 감싸고 도는 곳이 좋다고요.

사실 한양도 도읍으로 정해질 때 한강으로 환포(環抱)되는 형세였죠.

그런데 환포되는 입지는 강물이 범람해도 피해가 적다는 장점이 있어요.

물이 바깥쪽으로 넘치는군.

예로부터 물길이 있는 곳이 교역과 상업에 유리하기 때문에 부유했다.

물길에서 재물의 기운을 얻을 수 있다는 생각은 물을 재물과 같은 것으로 취급하게 했다.

물 있으면 돈 들어온다해~. 가게 앞에 물이 있는 조경물을 두자해~.

쪼르르...

중국집

큰 건물이나 호텔에 가 보면 물과 관련된 조경물이 있을 겁니다.

물을 재물로 보는 전통적인 생각을 현대적으로 수용했다고 볼 수 있죠.

그렇군요.

그래서 좋은 터를 구하는 중요한 요소로 물을 빼놓을 수 없는 겁니다.

정혈법定穴法

이제 장풍과 득수가
좋은 땅이 어떤 곳인지
대략 알게 되었습니다.

그렇다면
좋은 땅에서도
핵심!

핵심 포인트를
찾는 일이
남았죠?

명당 중에서도
혈처를 찾는
법입니다.

정혈법이라고
하죠.

양택이라면
사람이 집을
짓고 사는 곳,

음택이라면
시신을 땅에
눕히는 자리죠.

그런 땅은
어떻게
찾나요?

봅시다.

이 자리는 아닙니다.

혈자리는 이곳입니다.

대감마님, 정신 차리세요!

혈!

콕

퍼뜩

으허허, 역시 명의로다! 허준 선생 덕에 살아났소.

용한 한의사가 침놓는 것과 비슷하다고나 할까요.

앞에서 명당을 설명한 것과 비슷합니다.

아, 명당터의 기본 형태요?

하지만 이론은 이론일 뿐. 완벽한 명당은 없습니다.

그러니 적어도 나쁜 땅을 피하면 좋겠다는 생각으로 입지를 정하는 게 중요합니다.

나쁜 땅이요?

흉지를 말해요.

예를 들어, 지하에 수맥水脈이 흐르는 땅은 좋지 않아요.

수맥이 흐르면 왜 안 좋은데요?

땅속에 물이 흐르는 지반은 안정적이지 않아서

집을 지으면 벽에 금이 가기도 하고,

이사님 경우처럼….

아하!

도시볼!

이런 자리는 피하자는 게 정혈법의 목적이라고 생각하시면 됩니다.

좌향론坐向論

이, 이 산이 아니다….

좌향론은 방위에 관계된 기술이에요.

뒤적

뒤적

아, 이런 거 들고 다니는 분 본 적 있어요.

그런데 봐도 잘 모르겠네요.

뭐 이렇게 복잡해~!

이게 나경羅經이라고 부르는 패철佩鐵인데요.

….

음양오행에 맞춰 24방위를 나타내는 측정 도구죠.

가운데 있는 나침반으로 남쪽과 북쪽을 맞춘 다음 측정을 하는데요.

북

남

자세히 보면 눈금에 따라 방위들이 길흉을 반복하고 있어서

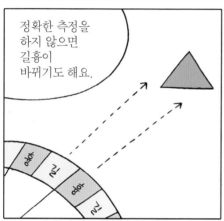

정확한 측정을 하지 않으면 길흉이 바뀌기도 해요.

나경의 사용법을 여기서 설명하기엔 너무 복잡하니 다음 기회에 하기로 하고,

좌향이 무엇인지 간단히 설명 드리죠.

이 주변이 명당, 이곳이 혈처인데 여기에 집을 짓는다고

가정하고 생각해 보죠.

집이 특정한 방향을 바라보게 설계해야 하는 문제가 생깁니다.

방향을 측정해서 길한 쪽을 향해

집의 방향도 정해야겠죠.

혈처(穴處)에서 보이는 정면을 향(向)이라고 합니다.

향

이렇게 혈자리를 마주보고 있으면 이 자리를 좌(坐)라고 하는 겁니다.

좌

향

좌향론은 어느 쪽을 바라보며 건물이나 무덤을 쓰는 것이 좋은가를 알아보는 것이기도 하다.

그냥 남향이면 좋은 거 아닌가요?

집의 좌향은 최소 24방위를 따져서 살펴봐야 하기 때문에 남향이 좋다, 동향이 나쁘다라고 쉽게 말할 수 없어요.

좌향법은 풍수에서도 어려운 분야예요.

혹시 이사를 가거나 집을 지을 계획이라면 나 같은 전문가에게 의뢰해요.

끙!

불쑥

양 대리님!

뭐 해! 내 손 잡아 줘!

크하하하! 내가 새로운 루트를 개척했다고!

와르르

…

양 대리!

양 대리님!

에구구….

좋은 루트가 아닌데요.

나경에도 방향이 흉으로 나왔어.

수지 씨
있는 방향이
길한 방향이다.

요즘에는 예전과 같은 풍수적 명당을 찾기란 쉬운 일이 아닙니다.

아파트와 상가, 대규모 빌딩이 들어선 도시는 물론이고

자연 보존과 환경 친화적인 풍수적 사고와는 거리가 멀어 보이는

발전소, 하수 처리장, 소각장, 철도 등이 가득한 땅에서 살아가는 현대인들은

풍수와 등지고 살아야 하는 것일까?

윽! 미세 먼지.

옛날이 좋았지.

공기도 맑고 어딜 가나 산과 개울이 있었는데….

나, 다시 돌아갈래~!

그렇지만 탈도시, 친자연을 외쳐도 옛날로 돌아갈 수는 없다.

?

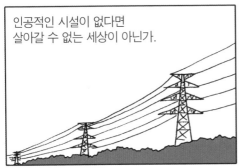

인공적인 시설이 없다면
살아갈 수 없는 세상이 아닌가.

따지고 보면 옛날이
꼭 좋았다고만
할 수도 없지.

구한 말

개똥   소똥

청계천 판자촌

원래 과거는
아름다워 보이잖아.
막상 지금 가서 살면
고통스러울걸?

추억이란
그런 거야.

문명을 비판하고
자연으로 회귀하자는
것이 풍수의 목적은
아닙니다.

가능하지도 않고
바람직하지도
않습니다.

풍수는 근본적으로
그 당시의 시대 상황에
맞는 인간과
자연에 대한
지혜입니다.

상황이
변하더라도
중요한 것은
인간의 삶이죠.

현시점에서 자연과 친화할 수 있는 방법을 찾는 것이

현대 도시 풍수의 가장 큰 지향점이 되어야 할 것입니다.

2008년 캘리포니아에서 큰 산불이 일어나 주택지까지 화마가 쓸고 간 일이 있었다.

그때 AP통신이 전송한 기이한 사진이 화제가 됐다.

저 집만 안 탔어!

집 주변에 조경용 도랑이 있고 집 바깥쪽에 선인장 등 수분이 가득한 나무들이 심어져 있어서 화재에서 살아남을 수 있었다는 것이다.

우리나라 사찰도 그런 예가 많다고 한다.

선운사 대웅전의 경우 주변 15미터 안에는 아무것도 심어 놓지 않았고

30미터 부근에는 불에 잘 타지 않는 나무를 심어 놓아 산불에 재빨리 대처할 수 있는 장치를 한 것이다.

비교적 자연적이라 할 수 있는 인공의 모습입니다.

무조건 자연을 선이라 하고 인공을 악으로 보는 것이 바람직한 자세는 아닐 것입니다.

보존과 보전만이
능사가 아닐
뿐더러

개발이 불가피하다면
철저하게 통제하고
관리하는 것이 맞죠.

그래야 실질적인
자연 보호도
가능해지고 난개발의
폐단도 막을 수
있는 것입니다.

그래서 현대 풍수가
필요하다고
주장하는
것이죠.

최창조 선생은 전통적인
풍수 이론을 현대의
도시 생활에 변용시킨
도시 풍수를 제안했다.

간룡법, 장풍법, 득수법,
정혈법, 좌향론을
현대에서 찾기 위한
방법입니다.

도시
풍수

도시 풍수 **간룡법**

백두 대간에 근본을 두고 있는 우리나라 풍수는
백두산에서부터 내려온 산줄기가 척추 역할을 하며
정맥과 정간正幹을 줄기 삼아 국토 여러 곳에
지기를 공급하고 있다고 본다.

그러나 포장도로와

철도로 인해 백두 대간의 맥이 끊겨 버려
한반도에 명당이 맺히기
어렵게 되었다.

최창조 선생은 대안으로 도시의 대동맥인 간선 도로가 용의 역할을 대신해야 한다고 주장한다.

용에 해당하는 산줄기가 명당을 향하고 있는 점이

대도시를 향하는 간선 도로와 비슷합니다.

간룡법은 유교식 종법宗法 제도와 유사합니다.

시조
증시조
조
부
나

태조산
중조산
소조산
부모산
태
식
잉
육

이것은 고속 도로- 지방 고속 도로- 도시 순환 고속 도로- 간선 도로의 체계와 닮아 있습니다.

본래 간룡법에서 명당에 가장 큰 영향을 미치는 게 가장 가까이 있는 산으로 본다면

도시라는 현대의 명당으로 향한 것은 도시로 진입하는 간선 도로죠.

도시 풍수 **장풍법**

풍수에서 장풍의 기능을 하는 것은 주변에 있는 산이다.

현대 도시에서는 어떤 것이 그 역할을 할 수 있을까?

상식 이야기 풍수

도시에서 높은 빌딩은 산을 대신할 수 있다.

서울시는 2009년에 발표한 한강 공공성 회복 선언문으로

한강 주변 건물의 높이 제한을 없앴다.

이런 모양의 스카이라인이

이렇게 변합니다.

죽은 용이 살아 있는 용이 되었네.

현대 도시의 산인 빌딩은 실제 산과 얼마나 닮아 있을까?

여름철 그늘 제공,

빌딩 사이의 기압과 기온 차이로 인해 발생하는 바람,

사람이 필요한 것을 얻을 수 있는 생산성 등이 있다.

오~, 그럴 듯한데?

산의 모양에 따라 오행을 정하는 것처럼 빌딩의 지붕이나 재료로 오행을 정할 수 있다.

木

여기에다 화火를 의미하는 뾰족한 조형물을 설치하면 서로 상생 관계인 목생화木生火가 된다.

火

木

금속으로 만든 빌딩 옥상에 인공 화단을 설치하면 토생금土生金의 상생 관계,

土

金

빌딩 1층 로비에 분수대를 세우면 금생수金生水의 상생 관계가 되어 사람들의 심리에 안정감을 줄 수 있다는 것이다.

도시 풍수 득수법

풍수에서 가장 중요한 요소는 물이다.

물이 있다!

여기 정착하자!

현대 도시에서도 물은 물 자체일 수밖에 없다.

한강이나 청계천 같은 물길과

상수도, 하수도, 빗물과 지하 수로 등 도시로 흐르는 물은 다양하다.

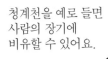
청계천을 예로 들면
사람의 장기에
비유할 수 있어요.

재미로 하는
얘기입니다.

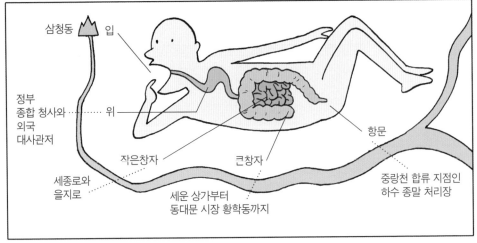

삼청동

입

정부
종합 청사와
외국
대사관저

위

작은창자

큰창자

항문

세종로와
을지로

세운 상가부터
동대문 시장 황학동까지

중랑천 합류 지점인
하수 종말 처리장

도시의 물길은 종종 개발과
보존이라는 문제로 갈등을
일으켰다.

조선 시대 청계천 논쟁,

명당수로
관리!

생활 하수는
어떻게
처리하게?

한강 르네상스 사업,

디자인
서울!

전시
행정!

낙동강, 영산강 개발 등.

오염이 심해
개발 필요!

생태계
파괴!

강은 건드리는 게
아니다! 그대로 둬라!
생태계 파괴된다!

아니다!
보면 모르냐!
강을 살려야 한다!

전통적으로 풍수에서는 강을 건드리는 것은 금기시해 왔습니다.

하지만 지금 시점에서 강을 방치하는 것만이 환경 보전이 된다고 보는 것도 옳은 생각이 아닙니다.

강이 방치되어 빈사 상태에 있으면 철저한 관리와 치료로 살려야 합니다.

자연을 망친 것도 사람이지만 그것을 살릴 수 있는 것도 사람입니다.

현대 도시 풍수의 득수법은 사람들에 의해 새로운 활력을 모색 중이다.

서식 생물의 종류가 복원 전보다 늘었어요.

다행이네요.

풍수에서는 사람들이 다니는 길도 물이 흐르는 것에 비유하여 물길로 본다.

물길이 부족하면 길을 대용으로 하여 풍수를 논하기도 한다.

이름난 둘레길, 산책로, 자전거 전용 도로, 이름 없는 골목길에서도 물길의 의미를 찾을 수 있는 것이다.

도시풍수 정혈법

현대 도시의 명당은 찾는 것이 아니라 만드는 것입니다.

혈장(穴場)과 혈처 역시 만들어질 수 있어요.

쇠락한 지역의 지자체와 상인들이 힘을 모았다.

망해 가는 상권을 살려 봅시다.

우선 차 없는 거리부터 조성하고요.

꼬불꼬불한 실개천도 만들면 사람들이 좋아할 거 같아요.

쉼터도 만들어요.

이야기가 있는 거리, 걷고 싶은 거리를 만듭시다!

이런 사업을 통해 사람들이 많이 찾는 거리가 만들어지고

중앙 상가 실개천 거리가 확 달라졌네.

와~, 거리가 예쁘다.

실개천 카페

경기 활성화와 구도심 재생 효과가 나타나는 모습을 볼 수 있다.

살아났어~!

지기가 쇠락하는 곳이 명당으로 재탄생된 것입니다.

한양은 풍수 이론에 맞게 입지가 정해지고 도시가 설계된 대표적인 풍수 도시다.

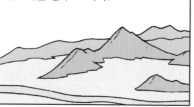

과거 한양의 주산은 북한산이고

명당은 도성 안쪽,

혈장은 경복궁이고

혈처가 근정전 용상이다.

오늘날 서울의 혈처는 어디일까?

현대식 용어로 말한다면 혈처는 랜드 마크의 의미가 있을 겁니다.

서울의 랜드 마크는 어디일까?

63빌딩
남산타워
잠실경기장
숭례문
동대문디자인플라자
무역센터
제2롯데월드

과거에는 남산 타워였다가 63빌딩이 한동안 랜드 마크의 위치에 있었다. 앞으로는 어떤 곳으로 랜드마크가 바뀔지 모른다.

도시 풍수 좌향론

남향집에 동향 대문이 우리나라 사람들이 가장 선호하는 집의 방위다.

좌향론은 근본적으로 햇빛과 바람의 문제에 관한 것이다.

상식 이야기 풍수

볕이 잘 들고 찬바람을 등에 지고 있어야 살기 좋잖아.

햇빛과 바람이라는 두 가지 요소에 인간의 길흉화복을 방위에 따라 설정해 두었으니,

좌향론은 전통 풍수에서도 가장 복잡하고 까다로운 것이죠.

난 생선 가게 하는데, 남향이라 생선이 빨리 변질돼.

철판 곱창을 조리하는데, 오후만 되면 볕이 들어 더워서 못 하겠어.

남쪽에 창을 냈는데 앞에 큰 건물이 막고 있어….

현대에서는 남향만 좋다고 고집할 수 없다.

BAD?
BAD? BAD?
GOOD?

집집마다 상수도가 들어오면서 득수에서 명당을 찾지 않게도 되었다.

애비야, 요즘 보일러가 좋아서 북향집이라도 따뜻하다~.

덥다!

기술의 발달로 햇빛과 바람의 영향은 크게 줄었다고 봐도 되겠죠?

풍수 Q&A ③

지관들이 사용하는 나경이란?

나경 혹은 패철은 지관들이 좌향을 측정할 때 사용하는 도구다.

가운데 나침반이 있고 주변으로 있는 여러 층의 원형에는 여러 글자가 쓰여 있다. 대략적인 사용법은 다음과 같다.

혈자리에 가서 나경을 눈앞에 들고

측정할 때는 나침반이 쇠붙이나 자석에 영향을 받지 않도록 주의한다.

나침반의 N극과 子를 일치하게 해서 자리를 잡는다.

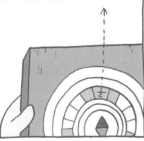

풍수에서 좌향이란 혈자리에서 정면으로 보이는 방향을 향이라 하고

향

뒤쪽 방향을 좌라 부른다.

좌 ➡ 향

만약 이런 위치에서 남북을 일치시켰다면

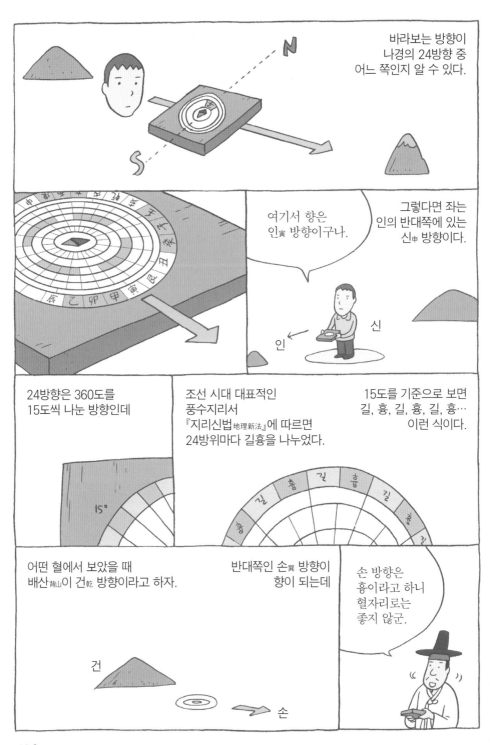

바라보는 방향이
나경의 24방향 중
어느 쪽인지 알 수 있다.

여기서 향은
인寅 방향이구나.

그렇다면 좌는
인의 반대쪽에 있는
신申 방향이다.

인 ← 신

24방향은 360도를
15도씩 나눈 방향인데

15°

조선 시대 대표적인
풍수지리서
『지리신법地理新法』에 따르면
24방위마다 길흉을 나누었다.

15도를 기준으로 보면
길, 흉, 길, 흉, 길, 흉…
이런 식이다.

흉 길 흉
길 길
흉 길

어떤 혈에서 보았을 때
배산背山이 건乾 방향이라고 하자.

반대쪽인 손巽 방향이
향이 되는데

손 방향은
흉이라고 하니
혈자리로는
좋지 않군.

건

손

66 백 권의 풍수 경전보다
한 가닥 땅에 대한 사랑이
더 큰 지혜가 된다. 99

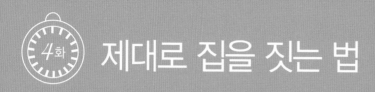

제대로 집을 짓는 법

집주인이 전셋값을
올려 달라고 해서
이사를 가야
할 것 같아.

많이
올려 달래?

휴우,
말도 마~.

좀 더 싼 곳으로
옮겨야지 뭐.

아! 맞다!

득수 씨한테
알아봐 달라고 해.
풍수를 잘 안다며.

風水

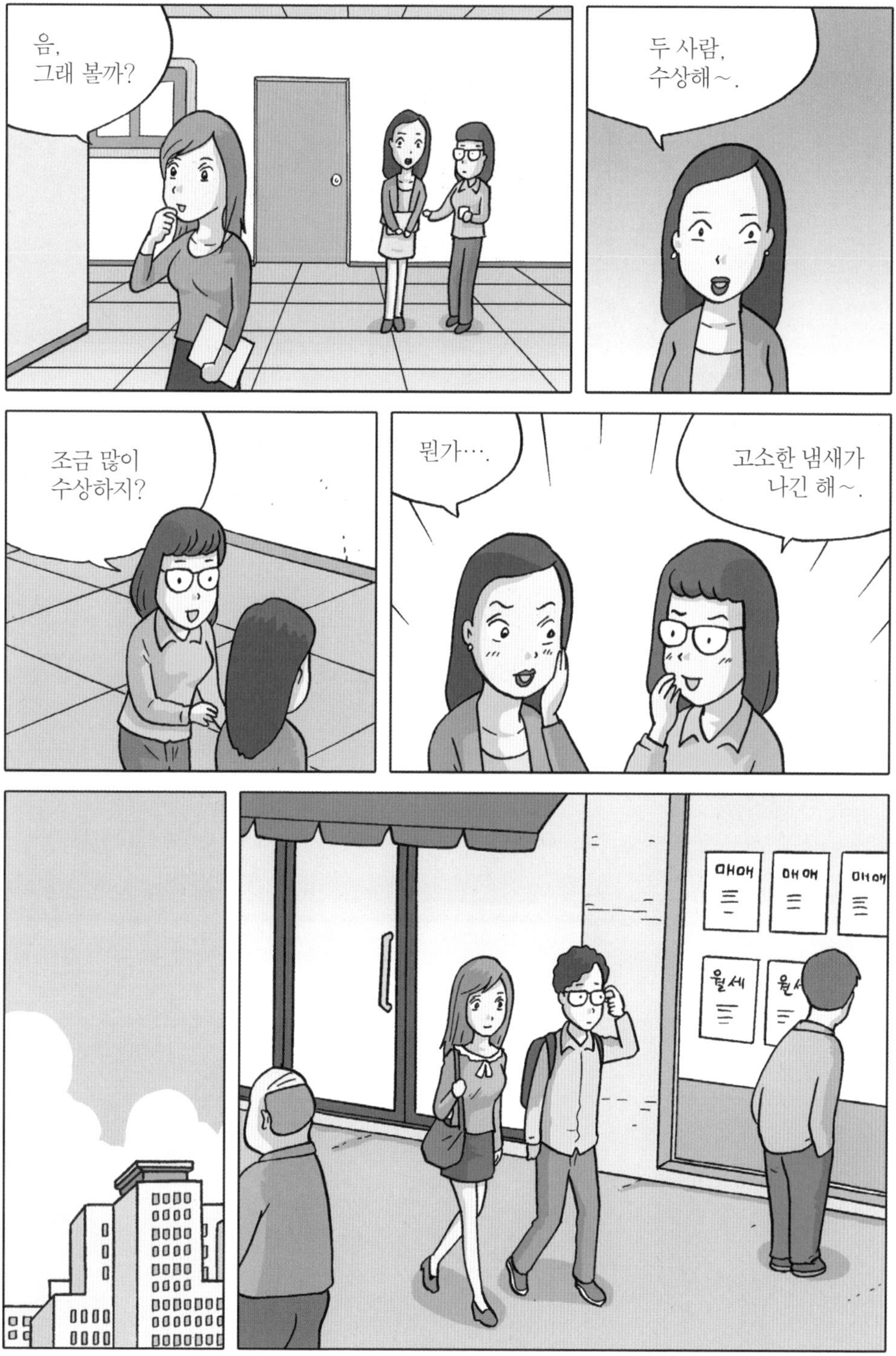
음,
그래 볼까?
두 사람,
수상해~.
조금 많이
수상하지?
뭔가….
고소한 냄새가
나긴 해~.
매매
매매
매매
월세
월세

쉬는 날인데 이렇게 도와줘서 고마워요.

뭘요~.

도움이 돼야 할 텐데….

엄청 도움 되죠~.

득수 씨 덕분에 든든해요.

하하, 대신 나중에…

밥 한 번 사 주시면 돼요.

그럼요~.

그나저나, 어떤 집을 얻어야 좋을까요?

좋은 집을 얻는 것도 중요하지만

나쁜 집을 피하는 게 더 우선이에요.

남향이죠?

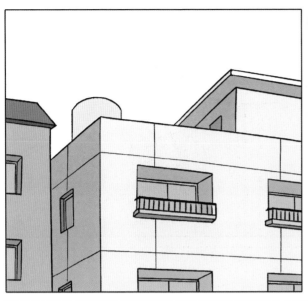

남향이라 볕이 잘 들고

근처에 산이 있어서 등산하기도 좋다니까요~.

수지 씨, 배산임수背山臨水란 말 알죠?

산을 등지고 있어야 좋은데

남향만을 고집하다 보니 이 집은 산을 마주하고 있네요.

그런가요?

남향보다는 집 뒤에 산이 있는 것을 좋다고 해요.

아, 그럼 다른 집도 있어요. 따라오세요.

덜컹 덜컹

어? 이 집은 안 돼요!

왜요?

이 집 근처로 전철이 지나가잖아요.

그건 그런데, 생각보다 안 시끄러워요.

게다가 집세도 엄청 싸고.

남향에,

뒤쪽에 산도 있고~.

집이란 편안히 쉬어야 하는 공간인데,

소음이나 진동이 있을 수 있으니 좀 더 알아보죠.

이것도 풍수인가요?

이건 풍수가 아니라 당연한 거잖아요.

아깝다….

엄청 싸던데….

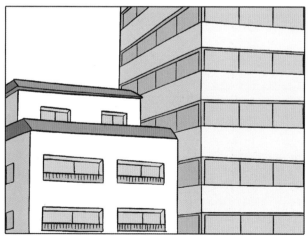

옆 건물이 너무 높네요….

도시에서 큰 건물은 산으로 볼 수 있는데요.

이 건물이 산이라면 어떻게 보여요?

집 옆에 큰 절벽이 있는 것 같아서 풍수에선 흉하다고 봐요.

풍수에선 큰 건물을 산으로 보는군요.

네, 초고층 아파트가 저렇게 모여 있으면 산의 역할을 한다고 봐도 돼요.

큰 건물을 뒤로하고

그 앞으로 도로가 있으면

이런 그림이 되죠?

배산임수!

아, 도로는 물길로 보는군요.

네.

다른 집 좀 보여 주세요.

끙….

뒤에 산도 있고, 도로도 있고~.

남향이라 볕도 잘 들게 생겼네.

이 집은 어때요?

흠….

옆 건물을 보세요.

옆 건물 모서리가 이 집을 향해 있네요.

건물 모서리에서
살기殺氣가 나온다고 해서
안 좋게 보는
형상이에요.

살기요?

헐….

맞은편 집의 지붕이
보이는 것도
좋지 않아요.

뻥!

부아앙

부릉

부릉

건물 앞에
고가 도로가
있어도
스트레스를
받을 수 있어요.

누구냐 넌?

부동산 사장님 표정이….

그래도 집 구하는 건 신중해야죠.

…

다른 집도 봅시다….

담이 너무 높아서….

도로가 집을 향해 있네요.

이런 입지는 주거용으론 적당하지 않아요.

그렇지만, 상가로는 좋은 자리죠.

상가

그렇게 따지면 어떻게 집을 구해요?

젊은 사람이 까다롭기는! 이제 더 소개해 줄 집도 없어요!

죄송해요….

오늘은
어려울 것 같네요.
다음에 다시
찾아봐야겠어요.

그럼…

배고픈데
밥 먹으러 가요.

택지(宅地)도
정했으니
드디어 나도
전원생활을
하는 건가.

건축 사무소에선
최대한 제 의견을
반영해서 설계해
준다고 했는데,

그래도 선생님의
고견을 듣고
싶습니다.

이런 집은
어떤가요?

이건요?

풍수에서는
건물의
입지뿐만 아니라

건물이 들어서는
대지의 모양도
길흉화복에
영향을 준다고
합니다.

풍수에서 이상적인
대지의 모양은…

소읍

이렇게
원형입니다.

네?

이런 모양의 땅은
구하기가
더 어렵겠네요.

그렇겠죠.

원형 다음으로
팔각형이 좋고…

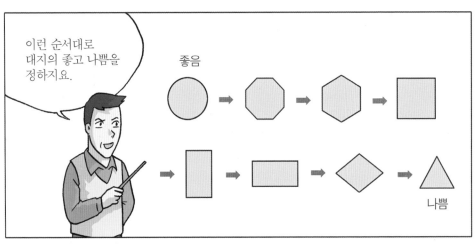

이런 순서대로 대지의 좋고 나쁨을 정하지요.

좋음

나쁨

최악의 대지는 보서리가 뾰족한 삼각형이네요.

그렇지만 삼각형이라 해도 좌절할 필요는 없어요.

네?

그래서 이런 대지에 건물을 지을 때는

토지

모서리 부분에 나무를 심어 나쁜 기운을 막아 주기도 합니다.

토지

아하! 모서리 부분은 정원으로 이용해서 사각형의 주택을 만들면 되겠군요.

대지의 모양대로 집을 지었다면

이 부분 때문에 조금 불편하기도 하겠네요.

주택의 모양도 길하고 흉한 게 있나요?

오래전부터 내려온 풍수 이론 중에 집이나 사무실의 공간 배치 이론인

동사택東四宅 서사택西四宅이란 게 있긴 합니다.

東四宅
西四宅

동사택 서사택이요?

동쪽에 네 칸, 서쪽에 네 칸이란 뜻인가요?

음양, 오행, 팔괘八卦를 바탕으로 구성된 이론인데

집을 지으실 때 참고하는 정도로 생각하시면 됩니다.

하하, 조금 어렵네요.

좀 더 설명 부탁합니다.

『양택삼요(陽宅三要)』라는
풍수 이론서에
따르면

양택에서 중요한
세 가지를 대문, 안방,
부엌이라고 합니다.

대문

안방   부엌

집의 중심점을
기준으로 이 세 가지
요소가 어느 쪽에
자리 잡느냐에
따라서

동사택이냐
서사택이냐로
구분합니다.

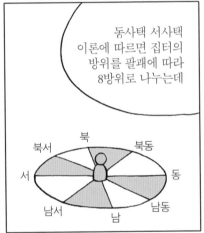

동사택 서사택
이론에 따르면 집터의
방위를 팔괘에 따라
8방위로 나누는데

북서   북   북동

서   동

남서   남   남동

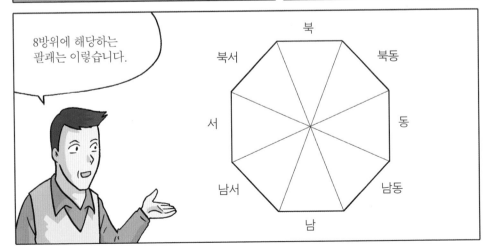

8방위에 해당하는
팔괘는 이렇습니다.

북

북서   북동

서   동

남서   남동

남

154

북, 동, 남동, 남쪽에
3요소를 쓴다면
동사택이 되고

북동, 북서, 서,
남서쪽이면
서사택이라고
합니다.

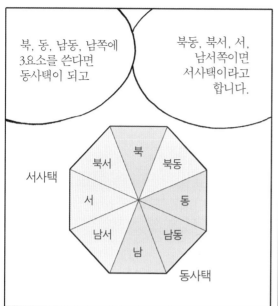

서사택

동사택

8가지 방위 중
한 곳에 출입구를
정하겠죠?

만약 서쪽에
대문을 짓기로
했으면

안방과 부엌은 북서,
남서, 북동의
어느 곳에 배치해야
한다는 겁니다.

일단 대문을 서쪽에,
안방을 북동쪽에
두기로 해 볼까요?

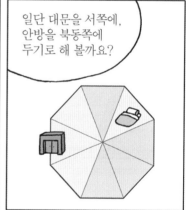

이 집은
서사택이 되겠죠?

대문을 문門,
안방을 주主라고
부르는데

여기에 방위를 뜻하는 팔괘를 붙여 말하는 방식이 있습니다.

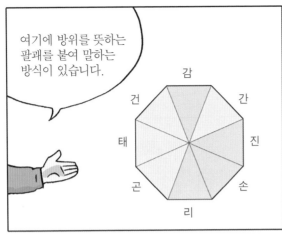

방금 말한 집을 이 원칙에 따라 말해 보면 태문간주兒門艮主라고 말하게 됩니다.

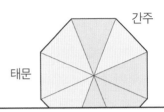

이렇게 배치하면 어떻게 부를까요?

북은 감坎, 남동은 손巽….

손문감주巽門坎主가 되겠네요.

대문, 안방, 부엌의 배치에 따라 길흉화복이 어떻게 나타나는지 알기 쉽게 정리한 표가 있습니다.

동사택 서사택 이론을 연구한 박시익 박사, 최창조 선생, 김두규 교수의 내용을 바탕으로

김두규 교수가 알기 쉽게 재구성한 길흉화복 판단표예요.

⟨동사택 서사택 길흉 판단표⟩

동서東西	명命	문門 주主	설 명
서 사 택	건문 乾門	건문건주乾門乾主	초년에는 발복
		건문감주乾門坎主	초년에 재산이 불으나 오래되면 흩어짐
		건문간주乾門艮主	부귀와 장수를 누림
		건문진주乾門震主	재앙이 아주 빨리 나타남
		건문손주乾門巽主	가끔 재산이 불지만 결혼한 여자가 사망함
		건문이주乾門離主	요절하며 재물이 빠져나가 과부가 나온다
		건문곤주乾門坤主	부부가 화합, 부귀가 번창하는 좋은 배치
		건문태주乾門兌主	초년에 발복이 있고 장수하는 집안
	곤문 坤門	곤문곤주坤門坤主	부동산이 날로 증가하여 초년 발복
		곤문태주坤門兌主	복을 받는다
		곤문건주坤門乾主	남녀 모두 장수, 부부가 화해롭고 부귀할 집
		곤문감주坤門坎主	심장, 위장병이 생기고, 재산이 줄어듦
		곤문간주坤門艮主	부동산이 늘어남
		곤문진주坤門震主	재산이 줄고 사람이 다치게 됨
		곤문손주坤門巽主	남녀 모두 단명
		곤문리주坤門離主	부인이 집안을 꾸림

〈동사택 서사택 길흉 판단표〉

동서東西	명命	문門 주主	설 명
동 **사** **택**	**감문** 坎門	**감문감주**坎門坎主	초년에 크게 흥성함
		감문간주坎門艮主	재산이 흩어져 집안 몰락
		감문진주坎門震主	집안이 크게 발전, 공명을 크게 이룸
		감문손주坎門巽主	모든 자녀가 훌륭하게 되어 부귀를 이룸
		감문이주坎門離主	부귀와 재산이 크게 증식
		감문곤주坎門坤主	과부가 나옴
		감문태주坎門兌主	재산이 줄어듦
		감문건주坎門乾主	바람을 피움
	리문 離門	**리문리주**離門離主	초년에 재산이 늘어남
		리문곤주離門坤主	부인이 집안을 꾸려 나감
		리문태주離門兌主	재산이 줄고 부인에 불행
		리문건주離門乾主	아들보다는 딸이 많음
		리문감주離門坎主	부귀와 장수를 누림
		리문간주離門艮主	아내가 남편을 휘두름
		리문진주離門震主	부귀와 수재 자녀들을 배출
		리문손주離門巽主	부귀를 갖추게 됨

〈동사택 서사택 길흉 판단표〉

동서東西	명命	문門　　주主	설　　　　명
서 사 택	간문 艮門	간문간주艮門艮主	초년에 재산 증가
		간문진주艮門震主	집안이 편안치 않게 됨
		간문손주艮門巽主	아이 키우기가 어렵다
		간문이주艮門離主	남편이 유약함
		간문곤주艮門坤主	집안이 크게 번창
		간문태주艮門兌主	최고로 좋은 집
		간문건주艮門乾主	재산과 명예를 이루는 집
		간문감주艮門坎主	형제가 화목하지 못함
	태문 兌門	태문태주兌門兌主	초년에 재산이 증가
		태문건주兌門乾主	부동산이 늘어남
		태문감주兌門坎主	재산이 줄고 젊은 여인이 죽음
		태문간주兌門艮主	집안이 화평함
		태문진주兌門震主	과부가 살게 됨
		태문손주兌門巽主	사람이 다치고 재산이 흩어짐
		태문이주兌門離主	아내가 남편을 누름
		태문곤주兌門坤主	집안이 번창함

⟨동사택 서사택 길흉 판단표⟩

동서東西	명命	문門 주主	설 명
동 사 택	진문 震門	진문진주震門震主	초년에 크게 번창
		진문손주震門巽主	부귀를 크게 이룸
		진문이주震門離主	모든 자녀가 훌륭하게 됨
		진문곤주震門坤主	비위에 질병이 생김
		진문태주震門兌主	각종 질병이 생김
		진문건주震門乾主	집안 어른이 다치고 단명
		진문감주震門坎主	초년에 크게 번창
		진문간주震門艮主	남녀 모두 단명
	손문 巽門	손문손주巽門巽主	초년에 재산이 증가
		손문이주巽門離主	부귀를 누림
		손문곤주巽門坤主	재앙이 아주 빠르게 나타남
		손문태주巽門兌主	부녀자가 행복하지 못함
		손문건주巽門乾主	부녀자가 단명
		손문감주巽門坎主	최고의 집터로 자녀가 모두 출세
		손문간주巽門艮主	과부가 나오고 자녀가 다침
		손문진주巽門震主	공명을 크게 떨침

태문간주는 집안이 화평하다고 나와 있어요.

간주

태문

손문감주는…

감주

손문

최고의 집터로 자녀가 모두 출세한다고 하네요.

집터 배치만으로 이런 게 다 가능해요?

글쎄요.

주택과 관련된 옛 이론 중에 이런 게 있다는 정도로 알아 두시면 됩니다.

사실 현대 건축에서 이런 배치로 집을 짓는다는 게 어렵다는 비판도 있지요.

동사택 서사택 이론에서 말하고자 하는 것은 대문, 안방, 부엌이 서로 섞여 있으면 안 된다는 겁니다.

풍수에서는 좌향을 정하는 것을 중요하게 여깁니다.

좌座는 주인이
앉는 자리니
안방을 의미하고

座

향向은 집에서
바라보는 방향이니
대문을 의미합니다.

座

向

우선 안방의 위치부터
정한 뒤 다른 공간과의
조화를 고려하고

대문의 방향을
정하는 게
좋습니다.

이 택지에서
안방이라면
이 뒤쪽이
좋겠군요.

뒤에 산이 있으니…
남향이면 좋으련만.
살짝 동쪽 방향이네….

남향보다
중요한 건
배산임수!

네….

일단 방향은 정해졌으니
설계에 속도를
내야 할 것 같아요.

이사 갈 날이
한 달밖에
안 남았는데

아직 집을
정하지 못했어.

득수 씨랑 알아보러
다녔는데도
아직 못 정했어?

아직….

나는 잘
모르겠는데 뭔가
좋지 않은 점을
콕콕
집어내더라고.

전문가라
다른가 보지?

수지 씨!
이번 주말에도
집 보러 가요!

괜찮으세요?

너무 시간 빼앗는 게 아닌지 미안해요.

저 주말에 엄청 한가한 사람입니다.

불러만 주세요.

아아, 네….

대신 이번엔 엄청 비싸고 맛있는 거 대접할게요.

정말요? 그럼 제가 영화 보여 드릴게요.

냄새가 나….

좀 심하게 난다….

주말

회사도
가깝고,

교통도
편리하네요.

앗! 그런데 집이
동향이에요.

득수 씨,
동향은
어때요?

출근할 때
아침에
볕이 들어서

상쾌하게
하루를
시작할 수
있겠네요.

병원, 은행,
마트도 가깝고

산책로도 있어서
편할 거 같아요.

그럼, 그럼~.

흠,
근데….

옆 빌라가
너무 가까이
붙어 있는 거
같지 않아요?

괜찮아요.

내부도 맘에
들어 하셨고~.

위치도 딱
적당하니…

이걸로
계약합시다~!

음….

네! 이 집으로
결정할게요!

인테리어
풍수라고 했나?

득수 씨한테
전화해서
물어볼까?

수지 씨!
침대는 방문
대각선 쪽이
좋대요!

헉!

득수 씨?

수지 씨!

득수 씨 집이
거기예요?

네~!

뭐예요!

옆집으로
이사 오게
한 거네!

일부러
그런 거예요?

아, 아뇨~.
그 집이
좋아서죠~.

하하하!
역시 내 아들이다!

풍수를 이용해서
참한 아가씨와
잘 되어 가는 것
같구나.

뭘 이용해요!

난 몰라~.

그나저나
침대는
어디로?

수지 씨!
침대는 벽에
붙이지 마세요!

그, 그러니까
문에서
대각선 쪽으로….

국수는 곧
먹을 수
있는 거냐?

90년대부터 미국에서
풍수가 유행하기 시작했다.

독일에서도 풍수를 바람과 물의
이론이라 하여 환경학의 부류로
생각하기 시작했다.

서양에서 관심을 두는
풍수는 주택, 사무실,
실내 장식, 가구 배치 및
조경에 관한 것이다.

화장실 변기 뚜껑을
닫는 게 좋아,
여는 게 좋아?

닫는 게
좋지!

동양에선 물은
돈이래. 돈이 나갈 수
있으니 뚜껑 닫아.

모퉁이에
화분을 놓자!

운이 좋아지는
가구 배치가 있다고?

침대는
어디에 놓지?

그래서 생활 풍수,
인테리어 풍수로 불리기도 하는데

최근 우리나라에서도 관심이 높아지고 있는
인테리어 풍수와 내용이 유사하다.

매스컴에서는 이러한 현상이
물질문명에 대한
반작용으로 동양의
신비주의에 눈을
돌리게 된 것이라고 하는데,

세상은
발전했는데
나는 왜 불행하다고
느껴질까?

당시 서양에서 불던
뉴에이지 사상과도
연관이 있어 보인다.

명상을
통해
자유를
찾자.

기존의 서양 문명은
인간성을
파괴하고 있어.

자연으로
회귀하자.

근데 누드 비치에
남자뿐이네….

동양 철학으로
눈을 돌리자.

파란 눈의
승려다.

또한 생활 풍수의 경험을 통해
그 효용성을 실감하면서

꿀잠~.

동양 철학이
확산된 것이라고 한다.

동양을
배우자!

172

그러나 서양식 풍수에 대해 신중한 입장을 취하자는 의견도 많다.

음….

우선 우리 전통 풍수에서는 다루지 않는 내용들이다.

인테… 뭐?

풍수라고 말하기긴 좀 그렇지….

우리 풍수에는 이런 게 없잖아.

인테리어 풍수는 주거 공간의 실내 장식을 통해 운을 바꾸는 것으로,

중국이나 일본에서 널리 퍼져 있는 양택 개운술開運術과 유사하다.

요즘 실내 인테리어 관련 책이 인기야.

○○출판사

아무래도 생활 속에서 적용하기 쉬우니까 그렇겠지.

그러니 우리도 이런 트렌드를 적극 활용하자고.

인테리어 풍수 쪽이 제일 잘 팔리죠.

상식 이야기 풍수

서양의 인테리어 풍수는
경험을 통한 효율성과

심리적인 안정감을 찾기 위한
실용적인 면이 부각되고 있다.

living room

서양에서 수용되는 풍수의 내용은
인테리어 배치에 관한 것이 많다.

당신이 새집으로 이사를
왔다면 침실 어디에
침대를 놓아야 할까?

누구나 이런 고민을 겪는다.

….

어디가
좋을까?

여기?

저기가
좋을까?

침실은 수면과 휴식을
취하는 장소로 일생의
3분의 1을 보내는 곳이다.

DO
NOT
DISTERB

침실 인테리어 풍수의 목적은
쾌적한 잠을 잘 수 있게
하는 것이다.

ZZ….

그렇게 하기 위해서는
좋지 않은 자리를 피해야 하는데
바로 다음과 같은 자리다.

1. 문을 열면 침대 발치가
   바로 보이는 자리

2. 문을 열면 침대 측면이
   바로 보이는 자리

3. 침대 머리 부분이
   벽과 닿은 자리

4. 다락방의 기울어진
   천장 틈새

5. 계단이 있는
   자리의 아래

6. 문을 열면
   대각선으로 놓인 자리

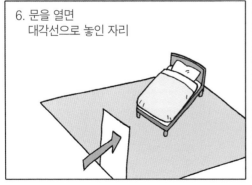

7. 침대 옆에
   거울이 있는 자리

8. 침대 옆에 TV가 있는 자리

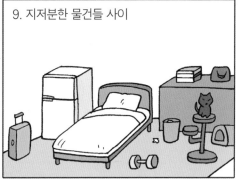

9. 지저분한 물건들 사이

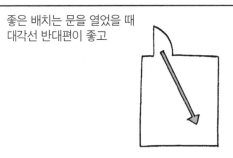

좋은 배치는 문을 열었을 때
대각선 반대편이 좋고

벽과 떨어져 있어야 한다.

침대 좌우에는
협탁이 있는 게 좋다.

그런데 말입니다~.

어떤 위치가 좋고

어떻게 하는 게
좋다는 건
알겠는데,

이론과 실제는
다르잖아요~.

협탁을
두 개나?

방도 좁은데
침대를 벽에서
떼라니….

방의 구조나 불가피한 이유로
차선책을 선택할 수밖에 없는
경우가 많다.

그런 경우엔 보조물을 놓아
나쁜 배치 구조를
완화시켜 준다.

창문과 침대가 붙어 있으면
좋지 않으나

사이에 탁자를 놓아두면 좋다.

인테리어 풍수에서
특히 중요하게 여기는
거실에 대해서도 알아보자.

거실은 출입문에서 들어온 기가
머물다 집안 곳곳으로 퍼진다고
해서 중요하게 여긴다.

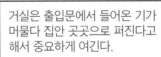

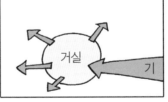

거실에서는 소파의
자리 배치를 가장
중요하게 여긴다.

소파와 벽면이
너무 떨어져 있는 경우나

주인이 창문을 등지고 앉는 배치는
좋지 않다.

소파가 현관문을
마주하고 있는 경우나

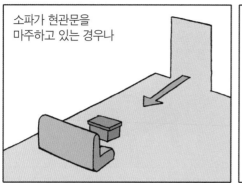

소파 뒤나 바로 옆에
현관문이 있는 경우는

좋지 않게 본다.

소파를 현관문과 창문에서
가급적 멀리 떨어진 곳에
대각선으로 배치시키되,
벽을 등지는 구조가
가장 이상적이라고 한다.

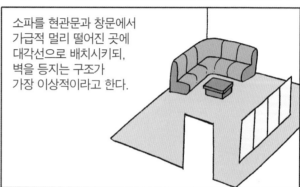

그리고 조명이나
벽지를 활용하여 되도록
밝게 해 주는 것이 좋다.

모서리는 가구를 채워
부드럽게 만들어
주는 것이 좋고

꽃그림이나 화분을 놓아두면
좋다고 한다.

편안하고 아늑한
분위기를 연출하는
겁니다.

공부방에서 책상의 배치는
고민스러운 부분이 아닐 수 없다.

우선 중요한 것이
책상의 앞과 뒤는
창문을 피해야 한다.

문을 등지는 것도
좋지 않다.

이런 식의 배치가
좋다고 한다.

풍수 전문가 김두규 교수는
서양인들이 풍수를 받아들일 때
특히 관심을 두는 것이

기능적인 측면에서의
구조 배치라고 한다.

동서양의
차이가
조금 있어요.

동양에서 풍수를
구조에 적용할 때는
팔괘 오행을 응용해서
상징적 측면을
강조합니다.

공간을 여덟 방위로
나누고 그곳 고유의
기에 걸맞은
용도 배치를 하지요.

상식 이야기 풍수

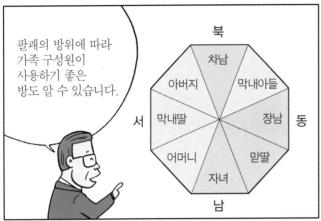

팔괘의 방위에 따라 가족 구성원이 사용하기 좋은 방도 알 수 있습니다.

북

차남

아버지 | 막내아들

서 막내딸 | 장남 동

어머니 | 맏딸

자녀

남

서양인들의 인테리어 풍수는 기능적 배치를 많이 고려하는데

사무실을 예로 들면 책상은 문 쪽을 향해 있는 것이 좋고

문의 정면은 피하는 게 좋다.

창 쪽을 등지는 것은 좋지 않다는 것입니다.

배치가 잘 됐군요.

우리나라의 풍수가 땅의 좋고 나쁨을 가리는 것이 아니라 부족한 땅을 살려서 쓰는 것이라면

서양의 인테리어 풍수도 집안의 흉한 부분은 가리고 좋은 부분을 북돋워 준다는 의미에서

닮았다고 할 수 있겠죠?

180

조상들이 지명地名으로
예언을 했다는데?

선견지명 때문인가?
옛날의 지명이 지금에 와서
맞아떨어져서 화제가 되기도 한다.

지명이란 게
그냥 지어진 게
아니야~.

지리에 통달한
도사님들이
지어 준 거야.

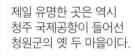

…라는 설은 우스갯소리로 생각하고,
우연인지 필연인지
적중한 지명들을 보자.

제일 유명한 곳은 역시
청주 국제공항이 들어선
청원군의 옛 두 마을이다.

청주국제공항

지금 비행기가 이륙하는 자리가
비상리飛上里였고

비행기가 착륙하는 자리가
비하리飛下里였다.

비상리에서
비행기가 상승하고
비하리에서 비행기가
하강하네….

조상님들의
예언이
적중했네~.

명당은 찾는 게
아니라
만드는 것이랍니다~.